Dadá Berlín

Manuel Maldonado (ed.)

Raoul Hausmann, Richard Huelsenbeck, Johannes Baader, Jefim Golyscheff, John Heartfield, George Grosz, Wieland Herzfelde, Walter Mehring, Kurt Tucholsky

Dadá Berlín

Traducciones de
Juan Pablo Larreta Zulategui, Víctor Manuel Borrero Zapata, Miguel Angel Albi Aparicio, Manuel Maldonado Alemán y José Juan Batista Rodríguez

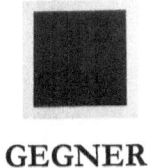

GEGNER

Consejo Editorial
Director: Juan José Gómez Gutiérrez
Robin Adèle Greeley, University of Connecticut
Teresa Cascudo García-Villaraco, Universidad de La Rioja
Miguel Ángel Albi Aparicio, Universidad Pablo de Olavide
Guido Ferilli, Università IULM

Introducción de Manuel Maldonado Alemán
Traducciones de Juan Pablo Larreta Zulategui, Víctor Manuel Borrero Zapata, Miguel Angel Albi Aparicio, Manuel Maldonado Alemán y José Juan Batista Rodríguez
Edita: Gegner Libros
Camino Fuente del Rey, 1. 21200 Aracena
www.gegnerlibros.com
info@gegnerlibros.com
ISBN: 978-84-96875-33-3
Depósito legal: H 200-2013

Índice

Manuel Maldonado Alemán
Introducción..I
Raoul Hausmann
El dadá se subleva, se agita
y muere en Berlín (1970)..1
Richard Huelsenbeck
El hombre nuevo (1917)..11
Richard Huelsenbeck
La primera conferencia dadaísta
en Alemania (1918)...19
AA.VV.
Manifiesto dadaísta (1918)..23
Raoul Hausmann
Proyección sintética del arte
de la pintura (1918)...27
Raoul Hausmann
Fiesta de Keller con Baader (1972).................................31
Johannes Baader
Al *Berliner Tageblatt* (1918)..33
Johannes Baader
¿Quién es dadaísta? (1918)..35
Johannes Baader
Las ocho máximas universales (1919).............................37
Raoul Hausmann
Panfleto contra la concepción
weimariana de la vida (1919)..39
Raoul Hausmann
Aliteral Deliteral Subliteral (1919)..................................45

Johannes Baader
Declaración dadá (1919) 49
Johannes Baader
Venit creator spiritus ... dada (1919) 51
Anónimo
Inviertan su dinero en dadá (1919) 53
**Jefim Golyscheff, Raoul Hausmann,
Richard Huelsenbeck**
¿Qué es el dadaísmo y qué quiere
en Alemania? (1919) 57
Raoul Hausmann
El pequeñoburgués alemán
se enfada (1919) 59
Anónimo
Afiliaos al dadá (1919) 63
Johannes Baader
Publicidad para mí (1919) 65
Raoul Hausmann
Un fusil cargado de altruismo (1919-1920) 69
Richard Huelsenbeck
Giras dadá (1920) 73
John Heartfield y George Grosz
El artista sinvergüenza (1920) 77
Alexis [Richard Huelsenbeck]
Una visita al Cabaret Dadá (1920) 83
Raoul Hausmann
Retorno a la objetualidad en el arte (1920) 87
Raoul Hausmann
Lo que, en opinión del dadásofo, dirá la crítica
de arte acerca de la Exposición Dadá (1920) 91
Wieland Herzfelde
Sobre la introducción a la Primera
Feria Internacional Dadá (extracto, 1920) 93

Richard Huelsenbeck
Introducción al *Almanaque dadá* (1920)..................97
Richard Huelsenbeck
El dadá vence.
Un balance del dadaísmo (1920)..................101
Richard Huelsenbeck
En avant dadá.
Una historia del dadaísmo (1920)..................105
Walter Mehring
El cabaret político (1920)..................111
Kurt Tucholsky
Dadá (1920)..................115
Walter Mehring
El breviario del hereje (1921)..................117
Kurt Tucholsky
El proceso contra el dadá (1921)..................121

Fuentes..................125

Introducción

Manuel Maldonado Alemán

Influenciado por el expresionismo temprano y por el futurismo, aparece en Zúrich en 1916, en plena Guerra Mundial, el dadaísmo, una corriente literaria y artística activa hasta 1923. Es un movimiento atípico, abierto, sin programas previos, que no obedece a ninguna escuela o enseñanza preestablecidas. De condición internacionalista, antibelicista y antiburguesa, pretende revolucionar el arte y la literatura con una deliberada intención provocadora. Su esencia es antiprograma y manifiesta una fascinación especial por la revuelta, lo subversivo, lo insólito y lo irracional.

El dadaísmo aspira a la destrucción integral de los valores fundamentales de la civilización occidental mediante el escándalo, el desconcierto, lo absurdo, lo grotesco y la risa corrosiva e irreverente. En lugar del arte, propone el antiarte, la ruptura con la concepción artística burguesa, incluso la de vanguardia. Los dadaístas propagan la negación y la duda mediante una poética de lo absurdo; adoptan un nihilismo maximalista ante cualquier fenómeno o hecho social; proclaman la libertad creativa, la invención y la espontaneidad y atacan al lenguaje por ser un instrumento engañoso, transmisor de valores corrompidos.

Los dadaístas se sienten unidos por una misma disposición crítica contra la Primera Guerra Mundial y frente a la «locura de los tiempos modernos», como expresa Hans Arp, uno de sus abanderados. Están horrorizados por la guerra y escandalizados por la actitud de los intelectuales que la justifican o la aceptan. Protestan con sarcasmo y causticidad ante la sinrazón y el cinismo de unos poderes que estaban provocando la muerte de millones de personas y aspiran a cambiar la situación, contraponiendo la irracionalidad dadaísta a la aparente racionalidad de la realidad, para que el receptor tome conciencia de lo absurdo que es el mundo en el que vive. El dadaísmo supone, pues, una respuesta en cierto modo carnavalesca a la locura bélica imperante, y es, a este respecto, un síntoma más del sinsentido de toda una época, de la crisis de la conciencia y de la civilización europeas.

A diferencia de otras corrientes de vanguardia, el dadaísmo rehúsa definir de manera coherente la concepción artística en que se fundamenta. Ello dificulta, e incluso imposibilita, una interpretación unidimensional y congruente. En sus escritos teóricos son constantes las afirmaciones de que «el dadá no es nada», que «el dadá no significa nada» o que incluso estar en contra de un manifiesto dadaísta «significa ser dadaísta». Así expresan su rechazo a atribuir cualquier significado o sentido a su práctica artística, una negatividad básica articulada a través del empleo reiterado de las palabras «no» o «nada». Con el dadaísmo, el arte abandona el ámbito tradicional de lo bello o renuncia a su configuración sublime, y busca su sentido estético, exclusivamente, como afirma Theodor W. Adorno, en la negación misma de lo metafísico. No obstante, el nihilismo dadaísta, pese a ser fundamental, es primordialmente instrumental; es decir, encierra una positividad potencial, remite a una nada *significativa* que, a partir de la destrucción, aspira a la construcción, aunque imprecisa, tanto de un nuevo arte como de una nueva sociedad. Plantea la destrucción como un proceso productivo, una paradoja que hizo afirmar a Raoul Hausmann en 1921 que «dadá es más que dadá».

En un ámbito más teórico, el dadaísmo rechaza el racionalismo y el funcionalismo lógico que fundamentan la civilización moderna, así como cualquier filosofía que sostenga haber alcanzado alguna verdad inamovible o sustancial. Su máxima es la negación de toda posición, su insignia es la abstracción y su objetivo, esencial en toda actividad dadaísta, es la descomposición del sentido, o más exactamente, la producción de sinsentidos mediante el empleo artístico de lo absurdo. Como afirma Arp, el dadá quería volver a encontrar «el orden natural y nada razonable, quería reemplazar el absurdo lógico de los hombres de hoy por el sinsentido ilógico.»[1] Buscando la provocación y el escándalo, destruye los enunciados de la lógica formal e introduce fórmulas del tipo «sí = no» o «– = +», paradojas que afirman que de cualquier enunciado se puede afirmar exactamente lo contrario, ya que cualquier aserto es en sí mismo incoherente. El dadaísmo destruye así todo sistema de sentido y somete a crítica la determinación racional de nuestra civilización. Se entiende, pues, que encuentre en el azar un nuevo fundamento para la producción artística. Incluso mezcla los géneros y suprime los límites entre las artes, a fin de favorecer la espontaneidad creativa.

En las producciones dadaístas subyace una visión atomizada del mundo y del arte, se desmembran los elementos que sustentan el concepto tradicional de obra literaria, su unidad e integridad: la cronología y el desarrollo causal de lo presentado, la especificidad de género y el respeto a las convenciones lingüísticas y estilísticas. El antiarte dadá se presenta, sin embargo, como reacción a una realidad global, tanto en su dimensión social, política y económica como cultural y técnica. Los dadaístas lo conciben como «expresión de la época», como símbolo de la «relación más primitiva con la realidad circundante», como un movimiento en el que «adquiere sus derechos una nueva realidad», como se afirma en el *Manifiesto dadaísta* del 12 de abril de 1918, redactado por Richard Huelsenbeck y firmado por otros miembros del grupo de Berlín. En *En avant Dada*, la conocida retrospectiva histórica sobre el dadaísmo, Huelsenbeck lo subraya una vez más con las mismas palabras que usó en el *Manifiesto*: «Los artistas son criaturas de su época. El arte supremo será aquel que en sus contenidos de conciencia presente los miles de problemas de su tiempo.»[2] Este compromiso con el presente supone, sobre todo en el seno del grupo dadá de Berlín, una deliberada toma de postura política, así como una identificación con la forma de vida urbana y con el peculiar dinamismo y multiplicidad de estímulos propios de las

---

1   J. Arp, «On my way», en J. Arp, *Jours effeuillés*, Gallimard, París, 1966, p. 312.
2   R. Huelsenbeck, *En avant Dada. Eine Geschichte des Dadaismus*, Edition Nautilus, Hamburgo, 1978, 2ª ed., p. 36.

grandes ciudades modernas. Es precisamente el ajetreo y el ruido de la calle lo que sorprende y fascina a Huelsenbeck cuando se traslada de Zúrich a Berlín para fundar el nuevo grupo: «En enero de 1917 regresé a Alemania, cuya fisonomía había cambiado entretanto de un modo extraordinario. La sensación era haber salido de una escena idílica, más bien rancia, para ir a dar a una calle llena de anuncios luminosos, comerciantes chillones y coches pitando.» [3]

El compromiso político, pero especialmente la identificación del dadaísmo con el espacio urbano, determinarán los medios y recursos expresivos de su arte y su literatura. Los principios que rigen su producción literaria, según quedan recogidos en el *Manifiesto dadaísta* de 1918, son el bruitismo (reproducción de ruidos), de raíz futurista, y el simultaneísmo, de influencia expresionista, pues la vida, en opinión del dadá, es una mezcolanza simultánea de ruidos, colores y ritmos espirituales. Esos dos principios, que subrayan la importancia artística de lo acústico, el movimiento y lo simultáneo, incorporan a la concepción dadá de la literatura la nueva modalidad de percepción de las urbes modernas, sustentada en la velocidad y la potenciación de las impresiones sensoriales. El incesante movimiento, la continua actividad y agitación, provocan la fragmentación de la realidad percibida: su transformación en un conjunto de impresiones simultáneas, fugaces y heterogéneas tanto de índole acústica como visual. Con el bruitismo y el simultaneísmo, el dadaísmo adapta su producción literaria, especialmente la poética, a esa nueva modalidad de percepción y asume, de este modo, una estética específicamente urbana. La nueva poesía fragmenta el lenguaje, se articula como un montaje de frases, palabras, sílabas y sonidos, equivalente al conglomerado de imágenes ópticas y acústicas que impone el nuevo modo de percepción urbana. La literatura se transforma en «espectáculo sensorial»,[4] en el que se introducen nuevos temas y motivos y se deshace la unidad y la integridad de la obra.

---

3   *Ibíd.*, p. 33.
4   H. Bergius, *Das Lachen Dadas. Die Berliner Dadaisten und ihre Aktionen*, Anabas, Gießen 1989, p. 316.

Introducción

*

Hacia 1916, Zúrich, lugar de fundación del dadaísmo, era una ciudad de contrastes que, debido a la neutralidad de Suiza en la Primera Guerra Mundial, acogía tanto a refugiados y exiliados europeos que se negaban a participar en la contienda como a revolucionarios. Allí se dieron cita artistas de distintos horizontes estéticos y países. La mayoría de ellos se oponían a la guerra y se consideraban apátridas o, al menos, carecían de prejuicios chovinistas. Ello facilitó que, desde sus orígenes, el dadaísmo se constituyera como un movimiento internacional de repercusión universal.

Germen del primer grupo dadá fue el Cabaret Voltaire, centro artístico fundado en febrero de 1916 en la ciudad helvética por Hugo Ball. En él participaron, además de Ball y su compañera Emmy Hennings, el alsaciano Arp, el alemán Huelsenbeck y los rumanos Marcel Janco y Tristan Tzara. Todos se encontraban en Zúrich debido a sus convicciones pacifistas. Más tarde se unieron al grupo Hans Richter y Walter Serner. Destrucción y negación, con intención creadora y experimental, eran los principios constitutivos del Cabaret Voltaire. Sus ataques buscaban destruir los conceptos tradicionales del arte y de obra literaria; pero tal destrucción se planteaba sólo como punto de partida de un nuevo comienzo radical de la actividad artística; como una fase preliminar indispensable para el surgimiento de la nueva estética.

El Cabaret Voltaire desarrolló una intensa actividad cultural y alcanzó gran popularidad, convirtiéndose en pocas semanas en una auténtica institución literaria y artística de Zúrich. Allí se organizaban exposiciones y veladas que buscaban desconcertar al público mediante ruidos, peleas y algarabías. La presentación de los textos literarios se realizaba mediante una original puesta en escena y una peculiar recitación que constituía toda una revolución del arte de declamar. El modo de recitación no se reducía a la exposición de un texto ya acabado, sino que se estimulaban todo tipo de improvisaciones que, a su vez, incitaban a la producción espontánea de nuevos textos. La obra presentada sólo existía en el instante mismo de su exposición. En aquellas tumultuosas veladas, Ball tocaba el piano mientras Hennings cantaba. Allí Janco, Ball y Huelsenbeck interpretaron por primera vez, en una lectura simultánea, versos de Henri Barzun y Ferdinand Divoire. También recitaban sus propios poemas. Tzara cantaba y declamaba indistintamente en alemán o francés, interrumpiéndose a sí mismo con un amplio repertorio de ruidos, incluyendo gritos, sollozos y silbidos. En el escenario se interpretaba música golpeando latas o sobre la mesa y utilizando tambores y campanas y los artistas se ataviaban con trajes y máscaras diseñados por ellos mismos, provocando en los espectadores estupefacción y cólera.

Tras unos meses de intensa actividad, el Cabaret Voltaire vio declinar su influencia y finalmente fue clausurado, pero con la dispersión del grupo de Zúrich al finalizar la guerra, el movimiento se extiende y aparecen nuevos círculos dadaístas en otros países europeos, primero en Alemania (sobre todo en Berlín y también en Hannover, Colonia, Dresde y Karlsruhe) y después en otras metrópolis europeas como París y Ámsterdam.

**

Huelsenbeck es el introductor del dadaísmo en Berlín, tras su regreso a Alemania a principios de enero de 1917. Un año después, en enero de 1918, funda en la capital prusiana el *Club Dada*, al que, además de Huelsenbeck, pertenecen Franz Jung, Wieland Herzfelde, John Heartfield, George Grosz, Hannah Höch, Raoul Hausmann, Walter Mehring y Johannes Baader. El Club Dadá de Berlín es un grupo espontáneo, sin estatutos ni programa ni reglas, que se presenta como «movimiento internacional antiburgués». Su manera de actuar es parecida a la del grupo de Zúrich, si bien, al encontrarse en un país desgarrado por la guerra y la posterior derrota, sus miembros adoptan una actitud más áspera y destructora y trasponen su rebelión al ámbito político, comprometiéndose con la izquierda y participando activamente en los acontecimientos revolucionarios de 1918 y 1919.

La situación en Berlín era, en efecto, bien distinta a la de Zúrich: «ni gas, ni electricidad, ni agua durante días. Control de armas en cada esquina, manifestaciones en masa, mítines espartaquistas y, por las noches, ruido de ametralladoras en el centro».⁵ En estas circunstancias, el propio Hausmann resalta la necesidad de un compromiso político del artista: «¿Y en medio de todos esos tumultos íbamos a ponernos a escribir versos bien pulidos, o a pintar bodegones y mujeres desnudas? ¡Y un cuerno!»⁶

A lo largo de 1918, en plena guerra mundial, la situación económica se deteriora notablemente en Alemania. El sentimiento antibélico se extiende entre la población y las manifestaciones y las huelgas conmocionan al país. La sublevación de los marineros y trabajadores de Kiel, a finales de octubre de 1918, marca el comienzo de la caída del Segundo Imperio, que se desmorona en medio de un clima revolucionario generalizado, especialmente intenso en Múnich y Berlín. El 6 de noviembre, Consejos de marineros, soldados y trabajadores toman el poder en Hamburgo, Bremen y Lübeck. Entre el 7 y el 8 estalla la revolución en Múnich, Dresde, Leipzig, Magdeburgo, Fráncfort, Colonia, Stuttgart y Núremberg. El 9, en Berlín, los sublevados ocupan cuarteles y edificios públicos. El Emperador Guillermo II abdica y el socialdemócrata Philipp Scheidemann⁷ proclama la República. Friedrich Ebert,⁸ presidente del Partido Socialdemócrata Alemán, se hace cargo del Gobierno el mismo 9 de noviembre con el encargo de convocar elecciones para una Asamblea Constituyente. Ebert llama a los trabajadores a dar por terminada la revolución y Alemania capitula el 11 de noviembre.

La socialdemocracia alemana se encontraba dividida entre una corriente moderada, partidaria de una evolución gradual hacia el socialismo, y otra revolucionaria agrupada en torno a los espartaquistas,

---

5   R. Hausmann, *Am Anfang war DADA*, K. Riha y G. Kämpf (eds.), Anabas, Gießen, 3ª ed., 1992, p. 16.
6   *Ibíd.*
7   Philipp Scheidemann (1865-1939) político socialdemócrata alemán, primer canciller (*Reichsministerpräsident*) de la Republica de Weimar.
8   Friedrich Ebert (1871-1925), político alemán, presidente del SPD desde 1913, primer presidente de la República de Weimar.

dirigidos por Karl Liebknecht y Rosa Luxemburg, con un programa similar al de los bolcheviques soviéticos. El 29 de diciembre de 1918, la Liga Espartaquista se escinde del Partido Socialdemócrata para transformarse en una organización autónoma: el Partido Comunista de Alemania.

Como respuesta a la destitución de Emil Eichhorn, el jefe de la Policía de Berlín que había organizado una fuerza pública de trabajadores y soldados, el Partido Comunista y el socialismo independiente llaman a una manifestación masiva el 5 de enero de 1919, que deriva en insurrección. Se establece un Comité Revolucionario para derrocar al Gobierno de Ebert. Decenas de miles de trabajadores toman las calles. Las grandes fábricas se unen a la huelga general, se ocupan edificios públicos y órganos de prensa. Incluso el *Reichstag* es tomado por un breve periodo. Tras cinco días de enfrentamientos, el Ejército, dirigido por oficiales monárquicos, reprime sangrientamente la revuelta usando incluso artillería pesada. El 15 de enero, Liebknecht y Luxemburg son arrestados y asesinados por los *Freikorps*, formaciones paramilitares ultraderechistas constituidas en su mayoría por excombatientes. El cadáver de Luxemburg es arrojado al Landwehrkanal y no será descubierto hasta el 31 de mayo. Los oficiales responsables del asesinato, con excepción de dos breves condenas, quedaron virtualmente impunes. Pocos días después, el 19 de enero, los socialistas moderados ganan las elecciones por amplia mayoría.

Baviera vive la Revolución de Noviembre de forma diferente. Es el primer Estado alemán que derroca la monarquía. La República se proclama en Múnich el 8 de noviembre de 1918, un día antes que en Berlín. Su líder es Kurt Eisner, un socialista independiente apoyado en los Consejos de trabajadores y soldados. El 21 de febrero de 1919, Eisner es asesinado por un oficial de derechas, dando lugar a graves disturbios por toda Baviera. En Núremberg y Múnich se convocan huelgas generales y los trabajadores armados toman las calles. El 7 de abril se instaura una república soviética. Se prohíbe la prensa burguesa y se entregan armas al proletariado. El nuevo Gobierno organiza la resistencia contra los intentos de Berlín de aplastar la insurrección.

Johannes Hoffmann, presidente de la Dieta, recluta unas tropas contrarrevolucionarias por encargo de Ebert que atacan Múnich el 23 de abril, reforzadas con 30.000 *Freikorps*. La lucha se prolonga hasta el 4 de mayo, cuando el movimiento revolucionario es finalmente aplastado. Unos 1.000 trabajadores mueren en las luchas callejeras y pocos líderes de la revuelta salen con vida de la represión posterior.

En febrero de 1919, se constituye en Weimar la Asamblea Nacional surgida de las elecciones de enero, que promulga una nueva constitución y proclama la República federal, parlamentaria y democrática. La Asamblea designa a Ebert como primer presidente de la República. Se inicia así un nuevo periodo, conocido como República de Weimar, que durará hasta la llegada al poder del nacionalsocialismo en 1933. Es una época de gran inestabilidad política, social y económica; pero también de importantes innovaciones artísticas, técnicas y mediáticas. La radio y el cine sonoro comienzan su expansión. Berlín se convierte en el centro político y cultural de la época.

La inflación, la crisis económica, el ingente desempleo, la radicalización de las pugnas políticas, la incapacidad para formar gobiernos con mayoría suficiente y el crecimiento del fascismo acabarán finalmente con este precario proceso de democratización. La República de Weimar siempre estuvo amenazada por la derecha más radical. Si bien el Gobierno de Ebert había logrado reprimir los movimientos de izquierda, se muestra incapaz de eliminar la influencia de terratenientes, industriales y generales, y de un sistema judicial extremadamente conservador. El 10 de marzo de 1920 se produce el primer levantamiento derechista. Wolfgang Kapp, un general prusiano nacionalista, junto con altos jefes del Ejército, intenta establecer una dictadura militar. El 13 de marzo, el general Lüttwitz ocupa Berlín al frente de 12.000 soldados. El Gobierno huye y Kapp es proclamado canciller. Pero el Partido Comunista, los socialistas independientes y el ala izquierda de la socialdemocracia constituyen un comité que organiza la lucha por la defensa de la República. La huelga general paraliza la capital y se extiende como un reguero de pólvora por la cuenca del Ruhr, Alemania central y Baviera. La resistencia antigolpista es enorme. La rápida movilización de las fuerzas populares, en especial de los trabajadores, hace fracasar el golpe de Estado.

Sin embargo, la violencia política sigue extendiéndose. Se suceden las muertes, no sólo de socialistas y comunistas, sino incluso de políticos liberales, ejecutados en su mayoría por organizaciones derechistas y paramilitares ligadas al Ejército. Entre 1918 y 1922 se producen unos 354 asesinatos. De destacar son los crímenes cometidos en 1921 contra el político del Centro Católico Matthias Erzberger, considerado por los nacionalistas como un traidor por haber presidido en 1918 la delegación alemana que firmó el armisticio, y en junio de 1922 contra Walter Rathenau, un rico industrial judío, ministro de Asuntos Exteriores, que había firmado el 16 de abril el Tratado de Rapallo por el que Alemania reconocía a la Unión Soviética. Su participación en ese acuerdo con la URSS desató intensas campañas antisemitas.

El dadá de Berlín no pudo desligarse de las convulsiones que padecía la capital alemana, especialmente tras la revolución de 1918, y en ello reside precisamente su diferencia respecto al Cabaret Voltaire y también respecto a las agrupaciones dadaístas que se forman en Hannover en torno a Kurt Schwitters y en Colonia en torno a Max Ernst.[9] La proclamación de la República de Weimar supone para ellos la vuelta de los viejos poderes con nuevas máscaras. El acontecimiento decisivo que provoca este rechazo es la represión de la revolución, decretada por los socialdemócratas en el poder en connivencia con el Ejército. Y la derrota de la revolución llevará a la revuelta artística. El objetivo era continuar combatiendo el status quo por otro camino.

En un manifiesto publicado en la revista *Der Dada* [El Dadá] en junio de 1919, Hausmann, Huelsenbeck y el músico ruso Jefim Golyscheff

---

9   Franz Jung, editor de la revista *Die freie Straße* [La Calle Libre], resalta en su libro de memorias *Der Weg nach unten* [El camino hacia abajo] (1961) las diferencias del grupo berlinés con el de Zúrich: «El movimiento que ahora parecía formarse en Berlín no tenía mucho más que ver con el movimiento «dadá» que se concentraba en Zúrich en torno al Cabaret Voltaire, que el nombre, una denominación que nos pareció muy adecuada a nuestras provocaciones.» En F. Jung, *Der Weg nach unten*, Luchterhand, Neuwied/Berlín, 1961, p. 110.

presentan sus propuestas para Alemania, que suponen en realidad una inmensa burla de todas las tendencias políticas e intelectuales. Algunos miembros del Club Dadá se integran en el *Novembergruppe* [Grupo de Noviembre], una asociación de artistas que apoya la revolución. Jung, Grosz, Heartfield y su hermano Herzfelde se aproximan al Partido Comunista. Otros entran en relación con los anarquistas. Ambas orientaciones coinciden en la radicalidad de sus propuestas y el impulso agitador contra el orden y los valores burgueses.

El rechazo que el dadá de Berlín profesa en el ámbito sociopolítico hacia la República de Weimar encuentra su correspondencia en el ámbito artístico-literario en la lucha contra el expresionismo en cuanto corriente artística predominante en la posguerra. Los dadaístas berlineses lo critican con vehemencia, especialmente al expresionismo tardío, al que acusan, por su mesianismo idealista, su apego a la abstracción y al sentimiento desbordado, de haber alejado la literatura del mundo real y reducirla al ámbito de la interioridad del individuo, a la expresión de un sentimiento subjetivo. Estas críticas se vierten ya en el *Manifiesto dadaísta* de 1918 y se agudizan en el escrito de Raoul Hausmann *Der deutsche Spießer ärgert sich* [El pequeñoburgués alemán se enfada], así como en el ataque de Grosz y Heartfield contra Oskar Kokoschka en el texto *Der Kunstlump* [El artista sinvergüenza]. En el *Manifiesto dadaísta* de 1918 se acusa al expresionismo de haberse convertido en «un idilio lucrativo y en esperanza de una buena pensión; ya no tiene nada que ver con las aspiraciones de seres activos.» En el *Dada Almanach* [Almanaque dadá], editado por Huelsenbeck en 1920, en el apartado titulado *Was wollte der Expressionismus?* [¿Qué quería el expresionismo?], se resaltan las diferencias más importantes entre ambos movimientos: el expresionismo aspira a algo, en cambio «el dadá no quiere nada, el dadá crece. El expresionismo quería la introversión, se concebía como reacción a la época, mientras que el dadaísmo no es más que una manifestación de la época.» El expresionismo «no es ninguna acción espontánea. Es el gesto de los seres cansados, que desean salir de sí mismos para olvidar la época, la guerra y la miseria.» Los expresionistas «no se atreven a mirar cara a cara la crueldad de estos tiempos. Se han olvidado de ser valientes.» El dadá, por el contrario, es «la valentía en sí misma, el dadá se expone al peligro de su propia muerte.» Exige la integración de la «brutal realidad» en el arte y propugna una literatura comprometida con la época de la que emerge.

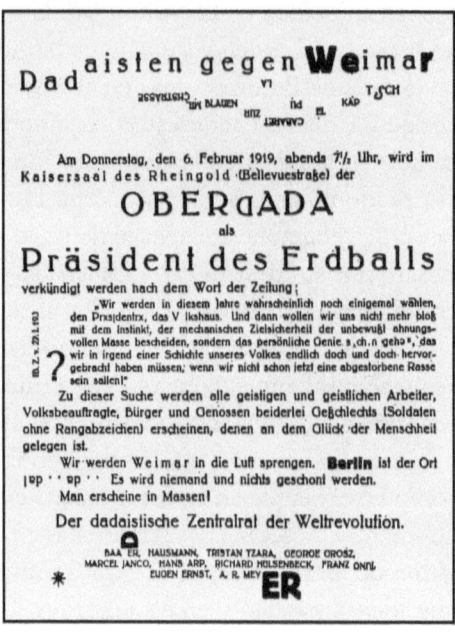

Johaness Baader, *Dadaístas contra Weimar,* 1918

Con ironía extrema y recurriendo a lo absurdo, la sátira el sarcasmo y lo grotesco, los dadaístas denuncian la hipocresía y la falsedad de la época, disimulada tras lo políticamente correcto. Su máxima, que resumían con la frase «declarémonos partidarios de lo absurdo y habremos reconocido el sentido del mundo en el que vivimos», suponía una auténtica provocación política en aquellos años de hambre, miseria, efervescencia revolucionaria y terror reaccionario.

Johannes Baader, que se hacía llamar «Oberdada» [Dadá Supremo], y que en febrero de 1918 se había proclamado Presidente de la Sociedad de Naciones Intertelúricas Superdadaístas, consiguió subir al púlpito de la catedral de Berlín el 17 de noviembre de ese año, durante un oficio, y pronunciar un discurso que anunciaba que el dadá salvaría el mundo. Posteriormente lanzó en la Asamblea Nacional un panfleto firmado por el Dadaistischer Zentralrat der Weltrevolution [Consejo Central Dadaísta de la Revolución Mundial]. El folleto comenzaba con la frase «Dadaisten gegen Weimar» [Dadaístas contra Weimar] y anunciaba su proclamación como Presidente del Globo Terráqueo y la destrucción de la ciudad.

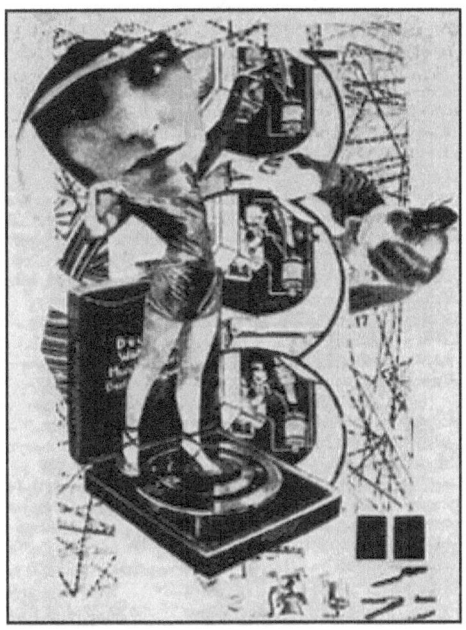

Hannah Höch, *Schönes Mädchen* [Bella muchacha] (1920)

El grupo dadá de Berlín experimenta, de manera consecuente, con nuevas formas de expresión artística ligadas a la propaganda política de masas. Los panfletos y obras de Baader empleaban *collages* y variaciones tipográficas a base de recortes de periódicos y revistas. Hausmann ya había abogado antes por la inclusión de nuevos materiales en la pintura y la escultura. Para la ilustración de sus poemas o las páginas de la revista *Dada*, mezclaba palabras escritas con mayúsculas y minúsculas con figuras geométricas. Su compañera Hannah Höch, por su parte, compuso fotomontajes complejos, en los que integraba toda clase de elementos de la vida cotidiana combinados con fragmentos de textos procedentes de poemas y carteles.[10]

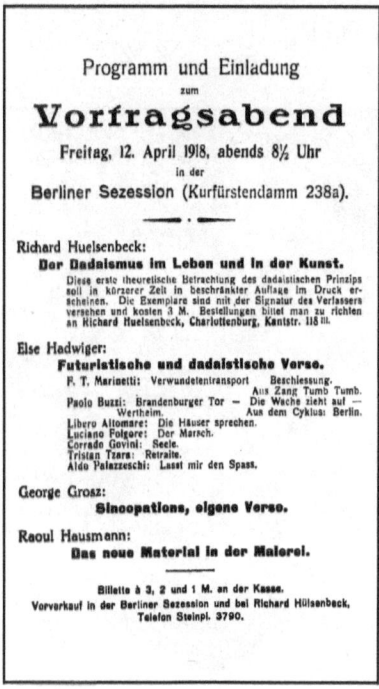

Programa de la primera velada dadaísta en Berlín, 1918

En enero de 1918, Huelsenbeck organiza la primera velada dadaísta en Berlín, pero no es hasta el 12 abril cuando se celebra la gran velada en la Sala de la Secesión, un acontecimiento de capital importancia

---

10   Cfr. L. Cirlot, *Las claves del dadaísmo*, Planeta, Barcelona, 1990, pp. 45-46.

para el desarrollo del nuevo grupo. El programa incluía una conferencia de Huelsenbeck, recitación de poemas y la presentación de un ensayo de Hausmann titulado *Das neue Material in der Malerei* [El nuevo material en la pintura] y del *Manifiesto dadaísta*.

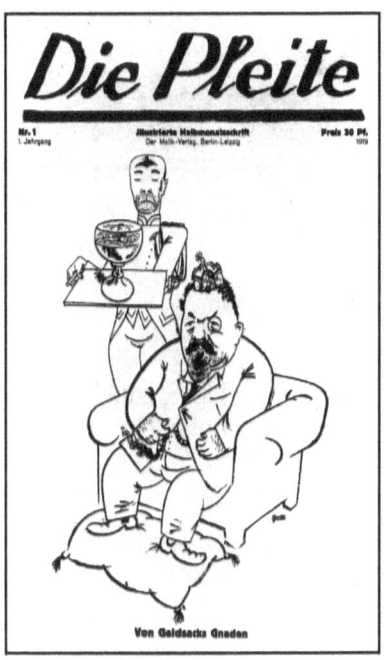

Caricatura de Grosz en la portada de
Die Pleite, n° 1, 1919

Entre 1919 y 1920, el grupo organiza múltiples actos públicos, sesiones de cabaret y exposiciones, y desarrolla una intensa actividad editorial. La mayoría de sus publicaciones tienen una presentación tipográfica muy característica que las distingue de otras revistas de vanguardia. Muchas de estas revistas fueron prohibidas de manera reiterada y desaparecieron al cabo de pocos números. Entre ellas destacan: *Jedermann sein eigner Fussball* [Cada cual es su propio balón] (n.° 1, 1919); *Der Dada* (nos. 1-3, 1919/1920); *Die Pleite* [La Quiebra] (nos.

1-3, 1919); *Der Gegner* [El Adversario] (1919/1920-1922); *Der blutige Ernst* [Ernesto el Sangriento] (nos. 1-6, 1919/1920). La editorial Malik, fundada por Wieland Herzfelde en 1917, produjo muchas de estas publicaciones, así como álbumes de caricaturas de George Grosz y obras de Herzfelde. La editorial Malik, de ideología revolucionaria, pretendía hacer del arte un instrumento para la lucha de clases. En 1920, Huelsenbeck edita en la editorial Erich Reiss el *Dada Almanach*, que, más que ofrecer documentación específica sobre el grupo de Berlín, trata del movimiento dadaísta en general. En el *Almanaque dadá* aparecen contribuciones de Tzara, Francis Picabia, Arp, Baader, Hausmann, Mehring, Vicente Huidobro y Huelsenbeck. También se incluye el famoso poema *Karawane* [Caravana] de Ball, con una curiosa presentación tipográfica de Huelsenbeck. Sin embargo, el *Almanaque* no recoge ninguna contribución de Grosz, Heartfield y Herzfelde.

También en 1920 Huelsenbeck publica *En avant Dada. Die Geschichte des Dadaismus* [En avant Dada. La historia del dadaísmo], *Deutschland muß untergehen! Erinnerungen eines alten dadaistischen Revolutionärs* [¡Alemania tiene que desaparecer! Recuerdos de un viejo revolucionario dadaísta] y *Dada siegt. Eine Bilanz des Dadaismus* [Dadá triunfa. Un balance del dadaísmo], obras que hacen de Huelsenbeck el primer historiógrafo del movimiento.

La Primera Feria Internacional Dadá, celebrada en junio de 1920 en la galería del doctor Otto Burchard, marca a la vez el cénit y el final del grupo dadá de Berlín. Fue el mayor acontecimiento público del dadaísmo y mostró que se había convertido en un movimiento europeo. En el cartel que anunciaba la Feria figuraban como organizadores Grosz, Hausmann y Heartfield. Su intención era representar, con voluntad satírica e irónica, la realidad contemporánea, la situación social y política de los años de posguerra. El propio cartel contenía afirmaciones como «El movimiento dadá llama a la abolición del comercio del arte» y «El hombre dadaísta es adversario radical de la explotación.» Se presentaron 174 piezas de Arp, Johannes Theodor Baargeld, Otto Dix, Max Ernst, Herzfelde, Höch, Picabia,

Introducción

Rudolf Schlichter, Otto Schmalhausen, Hans Citroën, Ben Hecht, Hans Heinz Stuckenschmidt y Maud E. Grosz. Predominaban sin

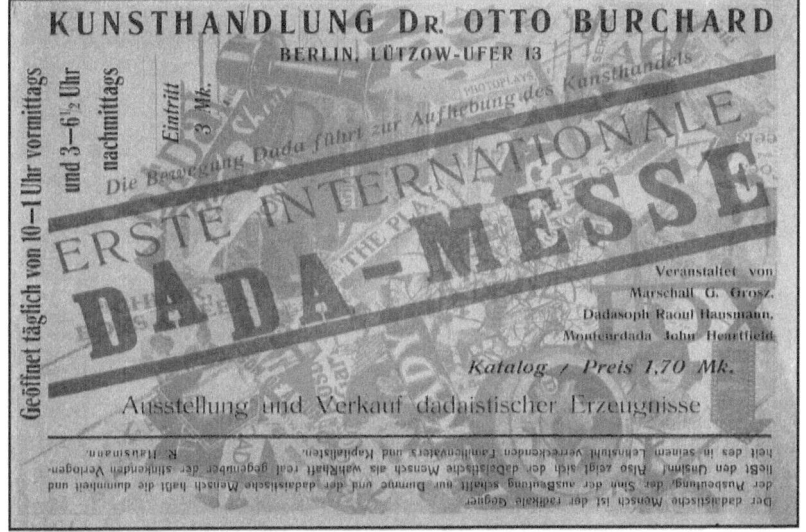

Portada del catálogo de la Primera Feria Internacional Dadá, 1920

embargo trabajos de los dadaístas berlineses, especialmente Baader, Hausmann, Heartfield y Grosz.

La inauguración de la Feria se convirtió en una manifestación contra la concepción tradicional del arte, contra la guerra y la burguesía. Las obras, que incluían desde enormes cuadros al óleo hasta octavillas impresas en blanco y negro, cuestionaban la institución del arte y su comercio, así como la gestión política y social de la República de Weimar. Predominaban representaciones del hambre, la prostitución, la hipocresía, la inflación, los mutilados de guerra y los mendigos, y se ridiculizaba con sarcasmo al «pilar de la sociedad», al burgués de la época.

Las obras se expusieron amontonadas para producir un efecto de acumulación. Las paredes aparecían cubiertas de pinturas, dibujos, *collages*, pasquines, noticias de periódicos y folletos de propaganda dadá.

XVII

A ellos se unían esculturas y ensamblajes de objetos. Por doquier, en grandes letras a modo de carteles, se proclamaba el programa del movimiento: «Abajo el arte», «Diletantes alzaos contra el arte», «Abajo la intelectualidad burguesa», «Puedo vivir sin comer ni beber, pero no sin dadá», «El dadá está contra el fraude artístico de los expresionistas», «El arte ha muerto», «El dadá es político».

En la sala principal destacaban dos pinturas enormes: *Deutschland, ein Wintermärchen* [Alemania, un cuento de invierno], de Grosz, y *45% erwerbsfähig* [Aptos para el trabajo en un 45%], de Dix. Ambas obras desaparecieron o fueron destruidas durante el nacionalsocialismo. La primera de ellas mostraba al arquetipo de burgués alemán, obeso y temeroso, agarrado convulsivamente a un cuchillo y un tenedor, junto a una mesa con un cigarro puro y el diario de la mañana. Debajo aparecían los tres pilares de la sociedad: el Ejército, la Iglesia y la Escuela. Es un mundo que se tambalea y es contemplado por un marinero, símbolo de la revolución, y por una prostituta. El cuadro de Dix muestra, con intención antimilitarista, a cuatro lisiados de guerra desfilando con dificultad.

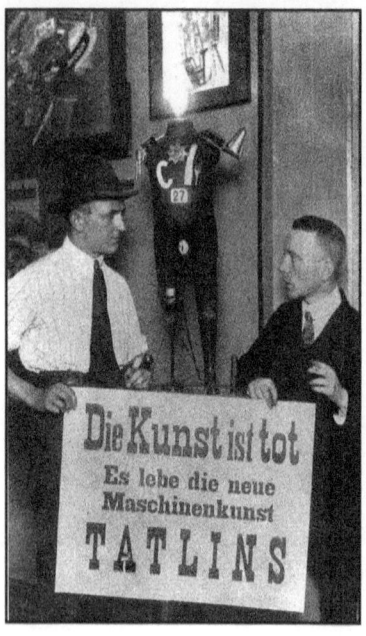

Grosz y Heartfield en la Feria Dadá

Un componente muy significativo de la Feria Dadá fueron los ensamblajes de objetos y esculturas. Estos ensamblajes reunían objetos tridimensionales de la vida cotidiana que, combinados al azar, adquirían una nueva identidad y sentido. Sorprendió el ensamblaje monumental de Baader titulado *Das große Plasto-Dio-Dada-Drama* [El gran plasto-dio-dadá-drama], con una ratonera, un barril de pólvora, una lámpara de carburo, una muñeca, periódicos y poemas de Hausmann. En el montaje *Der wildgewordene Spießer Heartfield (elektromech. Tatlin-Plastik)* [El pequeñoburgués Heartfield que se ha vuelto salvaje (escultura electromecánica de Tatlin)], Grosz y Heartfield realizaron una caricatura mordaz del militarista mutilado de guerra de la República de Weimar. Consistía en un maniquí al que le faltaba la pierna derecha y tenía por cabeza una bombilla que podía encenderse o apagarse a voluntad. Carente de toda individualidad, sus brazos habían sido sustituidos por un timbre eléctrico y un revólver y de su pecho colgaban las «condecoraciones» conseguidas en la guerra: un tenedor roto y una hoja de cuchillo oxidada. Del cuello pendía el Águila Negra, la máxima orden prusiana. La presentación de la carpeta con nueve litografías *Gott mit uns* [Dios con nosotros] de Grosz, que podía ser examinada en un mostrador, y el montaje antimilitarista de Heartfield y Schlichter *Preußischer Erzengel* [Arcángel prusiano], dieron lugar a un proceso por injurias al Ejército. Esta última obra consistía en un gran muñeco colgado del techo con uniforme de suboficial y una cabeza de cerdo como careta.

La Feria consagró el *collage*, el fotomontaje y el ensamblaje como medios de expresión artística, pero supuso el final del Club Dadá de Berlín, que, a partir de 1921, dejó prácticamente de existir. Algunos de sus miembros marxistas comprometidos, como Jung, Grosz, Heartfield y Hertzfelde, optaron por proseguir la lucha en el Partido Comunista; otros continuaron sus actividades en distintos ámbitos. Los dadaístas-marxistas habían concluido que, sólo con la crítica del arte burgués, el dadá no había conseguido que surgiera un arte revolucionario. Los dadaístas-anarquistas, principalmente Hausmann, acentuaron su particular rebelión contra la sociedad burguesa y la República de Weimar.

***

La presente selección reúne un conjunto de textos pertenecientes o relacionados directamente con el grupo dadá de Berlín. Junto con documentos muy conocidos, como el *Manifiesto dadaísta* de 1918 o el escrito *Was ist der Dadaismus und was will er in Deutschland?* [¿Qué es el dadaísmo y qué quiere en Alemania?], se recogen otros textos raras veces presentes en las antologías ya existentes y, sin embargo, imprescindibles para una correcta comprensión del dadaísmo berlinés. El orden de los textos respeta, en su mayor parte, la cronología de su elaboración o de su publicación, de manera que pueda constatarse más fácilmente la dinámica de formación y desarrollo del grupo, así como valorarse la evolución de sus propuestas.

Manuel Maldonado Alemán

El dadá se subleva, se agita y muere en Berlín (1970)

Raoul Hausmann

¡Qué insoportable e inaguantable hasta el hastío es esta vergonzosa, rastrera e ilimitada hegemonía de nuestra nación! ¡Qué inconcebible ese endiosamiento, esa interpretación imitadora y esa restricción de una naturaleza desconocida y mal comprendida por parte de una inteligencia monocorde!

En Berlín, los expresionistas han entonado la *Gran canción del prusianismo* mientras *Der Sturm* alababa a los imperialistas.[1]

El mundo ha de curarse gracias a la esencia alemana:[2] este es el eslogan político de la desvergonzada y desmedida sobrevaloración germánica, que esclavizó a millones de hambrientos y ocultó las derrotas militares tras cuatro años de heroísmo baldío.

Sin embargo, los escaparates de las tiendas, decorados con cajas vacías, y las masas de soldados y ciudadanos, amedrentadas y desesperadas, hablaban otro lenguaje.

DADÁ nació en Zúrich, y uno de sus enviados, Huelsenbeck, llevó

---

1 *Der Sturm* [La Tempestad] fue una de las revistas expresionistas más importantes. Fundada en 1910 por Herwarth Walden en Berlín, su nombre fue acuñado por la primera mujer de Walden, la escritora Else Lasker-Schüler. De aparición inicialmente semanal, la revista constituía un órgano de difusión para la literatura, las artes plásticas y la música. Durante el primer año, los dibujos de Oskar Kokoschka ilustraron la mayoría de las portadas. El propio Walden y Lothar Schreyer se encargaron de escribir los artículos teóricos más relevantes. En ella colaboraron sobre todo August Stramm y Else Lasker-Schüler. La revista dejó de aparecer en 1932.

2 Verso del poema *Deutschlands Beruf* (1861), de Franz Emmanuel August Geibel. Fue adoptado como lema del nacionalismo alemán.

el mensaje a Berlín, donde el círculo de la *Freie Straße*, organizado en torno a Franz Jung, estaba ya preparado para arrostrar todas las consecuencias de un acto de sublevación.

Tanto Jung como yo percibimos de inmediato la importancia de esta arma destructiva de la llamada «cultura artística», y decidimos fundar el club DADÁ, con Huelsenbeck a la cabeza, como estandarte del internacionalismo.

La primera velada, celebrada el 12 de abril de 1918, resultó en parte un poco ecléctica, pero el efecto provocado sobre un público epilépticamente iracundo fue descomunal e inmediato. Fue la declaración de bancarrota de los valores más sagrados de la burguesía.

Algunos meses después, las derrotas militares y la sublevación de los marineros en Kiel obligaron a los generales a pedir el alto el fuego del 11 de noviembre de 1918. Eso fue la revolución.

Se acabaron los sueños de una supremacía imperialista y todopoderosa de Alemania.

Espartaco estaba en todas las calles, en todos los rincones; y, en aquel convulso Berlín, se agitó el dadá.

Quien se detenga será fusilado. Orden del prefecto de la Policía. Ni gas, ni electricidad, ni agua durante días. Control de armas en cada esquina, manifestaciones en masa, mítines espartaquistas y, por las noches, ruido de ametralladoras en el centro, donde ELLOS se habían atrincherado en el gran edificio del *Lokalanzeiger*.

¿Y en medio de todos esos tumultos íbamos a ponernos a escribir versos bien pulidos, o a pintar bodegones y mujeres desnudas? ¡Y un cuerno!

Un infortunado día se extendió la noticia de los asesinatos de Karl Liebknecht y de Rosa Luxemburg. El proletariado se quedó como paralizado y no consiguió despertar de su aturdimiento.

En consecuencia, había que fortalecer las acciones dadá: reforzarlas contra un mundo que ni siquiera era capaz de reaccionar varonilmente contra aquellas imperdonables atrocidades.

¿Para que habíamos recibido una educación estricta e inmisericorde en la sociedad *Die freie Straße* en torno a Franz Jung, una educación en la que no se nos permitía ni mover un músculo de la cara sin ser apartados, y en la que uno era responsable en todo momento de la más mínima irregularidad, extravío o desviación, ya fueran estas de naturaleza psíquica o neurálgica?

Pues para ser capaces de ejercer un control constante sobre nosotros mismos y no sentir autocompasión alguna; para tener derecho a mirar las cosas a los ojos, dirigiéndolas o aniquilándolas en caso necesario.

En un clima tan insuperable, en medio de la destrucción más obtusa, no se puede actuar como un chico bueno y ser un artista convencional.

¡Así que… en avant, DADÁ!

Ni siquiera el precavido DADÁ de Zúrich, ese tantear irresoluto, es ya suficiente, ¡al cuerno con él!

¡Sobrellevemos las incomodidades del gesto libre e independiente! ¡Dejemos a un lado la idiotez del buen gusto!

Hay que pensar en la muerte de Dios y darla a conocer. *¿Qué os importa a vosotros Jesucristo? ¡Os importa un pimiento!* Con esta exclamación, el día 17 de noviembre el Dadá Supremo Johannes Baader interrumpió al Dr. Dryander, mientras este predicaba en la catedral de Berlín.

Fue detenido, llevado a comisaría y acusado de blasfemia. Muy bien: con eso se armará jaleo. ¡Acción, acción!, pasó la época de la poesía sobre papel ennegrecido, esa vanidad individual.

¿Y el arte en medio de todo esto? Atención, también el arte se volverá activo. Pasó el tiempo de la estética. Yo ya no conozco reglas, ni de lo «verdadero» ni de lo «bello»; voy en otra dirección, guiado por lo que mi cuerpo me prescribe.

Inmerso en una lucha grandiosa, en una agitación desmesurada, me libero de toda reminiscencia del pasado, me desintoxico; pero incluso sobre esta desintoxicación, sobre esta libertad, ¡escupo! Lo quiero TODO y, consecuentemente, no quiero NADA.

Uno escribe manifiestos para que le entiendan mejor, pero es mejor no escribir nada. El Dadá Supremo y yo llevamos la literatura y la poesía a la calle, en el auténtico sentido de la palabra. La palabra es una señal en medio de la calle.

La palabra no pertenece al futuro, la palabra es presente; no es negro sobre blanco en una hoja de papel cualquiera.

La palabra. A la palabra la hemos confundido y desfigurado en todos los sentidos, hemos hecho de su significado algo íntimo; pero yo, yo la he pegado en muros sin muros, en poemas-carteles con letras de imprenta que gritaban al exterior la nueva desnudez.

En aquellos tiempos inventé un tipo de poesía sobre las nimiedades del día a día (a las que yo llamaba *banalidades*), con la que pretendía ridiculizar la psicología y la propia poesía.

Ejercité la poesía «prefabricada», el ensamblaje poético, junto con el Dadá Supremo Baader. Los dos adquirimos la costumbre de hablar una jerga psicoanalítica y también de leer en voz alta pasajes inconexos de obras maestras de la literatura mundial elegidas al azar.

Esa era nuestra manera de expresar nuestro más absoluto desprecio por cualquier tipo de *Fausto* o *Bandidos*, nuestro desinterés por el *alimento espiritual* del soldado alemán, alimento que este, por otro lado, nunca llevó en su macuto.

Weimar no es sino una mentira, el disfraz de la barbarie teutónica.

En lo que a la pintura respecta, no podía dejarla en manos de los pintores tal y como estos la trataban, de modo que en abril de 1918 escribí el manifiesto *El nuevo material en la pintura*, que renombré más adelante como *Proyección sintética de la pintura*:

> Quien quiera, que apoye la convención heredada: por encima de todo, para nosotros la vida toma forma en pleno estrépito descomunal, tensión en colapso de expresiones nunca dirigidas unívocamente, una (pese a todo) efusión trascendental de una serie de profundas intrascendencias en las que no caben acrobacias éticas sobre bases estrechas: *l'art dada* es la posición que se mantiene al margen de los conflictos de la petulancia lastimera del creador, es arte que pone en evidencia con estruendo aquella falacia que no tiene nada que ver con la (si se le puede llamar de algún modo) necesidad interna. El arte no tuvo nunca sentido más profundo que el sinsentido de la autodelectación de unos completos imbéciles, tomada por ellos mismos con solemnidad deslizando asociaciones complejas.

El dadá se subleva, se agita y muere en Berlín (1970)

El pintor pinta igual que muge el buey: este solemne descaro de almotacenes varados, mezclado con melancolía, ya proporcionó importantes cotos de caza, especialmente a historiadores del arte alemanes.

El despertador de mi célula infrasonora me avisó para que me pusiera a hacer un *collage* sobre el que ya había estado reflexionando. Reuní un conjunto de materiales absolutamente heteróclitos, y mi cerebro, siguiendo su propio ritmo, dirigió mis manos, que no opusieron resistencia, para que siguieran los propósitos de una visión interna, conformada bajo una luz infranegra.

Sin duda, el club DADÁ debería haber sido una «auténtica» hermandad, algo que ni pudo ni quiso ser; pues no todos sus miembros habían pasado por la escuela de la *Freie Straße*.

El Dadá Supremo Baader era quien hacía más disparates, que, a veces y por casualidad, se adecuaban al espíritu de la revuelta. Una vez, por ejemplo, se dirigió él solo a la Asamblea Nacional en Weimar e interrumpió la sesión para exigir el relevo del gobierno por parte del grupo DADÁ. Allí mismo, tirándolo por los aires, dio publicidad a un panfleto escrito por él y publicado en su periódico fantasma, *El cadáver verde*. En él anunciaba la llegada del DADÁ Supremo como juez máximo del Juicio Final, montado en el caballo blanco,[3] y también anunciaba que alguien haría saltar por los aires el Parlamento a bombazos.

Se armó un escándalo terrible, recogido por toda la prensa alemana, y de esa sesión se conservó el acta oficial estenografiada. Aún hoy día podemos considerar aquel suceso como uno de los primeros «happenings».

Yo siempre proponía cosas nuevas para nuestras tardes, pero no me enfadaba si los demás DADAístas no las aceptaban.

Peor para ellos.

Los conceptos literarios ya no venían a cuento.

Si se quiere acabar con las convenciones, no puede verse uno mismo atrapado en ellas.

---

3 Se refiere al caballo blanco del Apocalipsis, de exégesis polémica: mientras que para unos el jinete que lo monta es Cristo, para otros representa el Anticristo.

Esa actitud retrógrada fue la verdadera causa de la muerte de DADÁ.
El que come DADÁ se muere de eso si él mismo no es DADÁ. Punto.
Encontrar algo nuevo no puede traducirse por *épater le bourgeois*.
Los miembros del club DADÁ eran celosos, por lo que buscaban pelea a menudo y te atacaban de manera mezquina.

Heartfield-Herzfelde y Mehring adoraban a George Grosz, ese pseudorevolucionario, mientras que Huelsenbeck adoraba únicamente a Huelsenbeck. Este, aunque había hecho conmigo casi todas nuestras 12 manifestaciones artísticas, estaba siempre dispuesto a pasarse a los groszistas.

Yo, por mi parte, solía formar una facción con Baader, quien, desgraciadamente, demasiado a menudo se hallaba poseso por sus ideas religioso-paranoicas.

La incalculable complejidad de su constitución como maníaco cíclico hacia del DADÁ Supremo Baader una criatura en la que, a un tiempo, se mezclaban método y cabezonería, pues sólo prestaba atención a su reloj celular, y nada ni nadie podían apartarle de sus rarezas, que eran absolutamente incoherentes.

La *Carrera entre la máquina de coser y la máquina de escribir*, representada por George Grosz y Walter Mehring, o *Conversación entre dos ancianos detrás de un horno*, también de ellos dos, fueron realmente divertidas; pero, sin duda alguna, las manifestaciones más importantes fueron aquellas en las que miles de personas, encolerizadas contra nosotros, se mostraban dispuestas a asesinarnos, pues se habían dado cuenta de que el DADÁ suponía una amenaza para sus más preciados bienes y sus ideales más sagrados. Nuestra mera presencia invocaba ese peligro por sí sola. En Hamburgo, durante una sesión matinal en la que actué con Baader, fueron necesarios 40 soldados armados para desalojar la sala; y las tardes de Dresde, Leipzig y Praga resultaron igual de peligrosas.

Allá donde fuéramos, nos aguardaba gente con los ánimos sulfurados, pero nosotros manteníamos la calma.

En la primavera de 1919 se me unió un joven ruso, Jefim

Golyscheff. Este muchacho era pintor y músico. Con él, en ausencia de Huelsenbeck, organicé la primera exposición de DADÁ en Berlín. Con motivo de esta, Golyscheff realizó (y fue el primero), con los materiales más inimaginables posibles, unos ensamblajes contrapuestos al «gran arte expresionista» que *Der Sturm* ofrecía a su iniciado público; y, para la tarde en la que se clausuraba la exposición, compuso una sintonía atonal en tres partes, titulada *Antisinfonía* y ejecutada por una joven vestida de blanco. El contraste entre una aparición semejante y la acometida de aquellas inusuales sonoridades fue tan violento que el público se mantuvo en silencio.

Algunos meses después, escribí el manifiesto *¿Qué es el dadaísmo y qué quiere en Alemania?*, una mofa inconmensurable de todas las tendencias políticas y artísticas, con frases como: *la comida gratis diaria para todos los intelectuales, la educación del proletariado mediante el circo, la fundación de una central sexual o la difusión de las leyes dadaístas como religión de Estado.* Casi todos los diarios alemanes publicaron mi manifiesto, y las tropas de ocupación americanas encontraron un título para él: bolchevismo artístico. A partir de ese momento, al DADÁ ya sólo se lo veía de color rojo.

Golyscheff firmó este manifiesto junto con Huelsenbeck y conmigo. Ese fue su último acto DADÁísta.

En 1919 hice la *Cabeza mecánica*, escultura a la que también llamé *El espíritu de nuestra época*, con la idea de mostrar que la conciencia humana se compone únicamente de piezas insignificantes que se le pueden adherir exteriormente. Lo cierto es que no es más que una cabeza de maniquí con unos pelos rizados peinados graciosamente.

Por aquel entonces, yo ya sabía lo suficiente acerca de las funciones del organismo; a ese respecto, en 1920 formulé mis ideas en «Retorno a la objetualidad en el arte», escrito publicado en el *Almanaque dadá*.

En realidad, DADÁ fue un parto colosal, pero nadie se atrevió a contemplar ese parto: ¡Era algo demasiado indigesto! La postura política adoptada por algunos DADÁístas no podía ocultar que el *Club DADÁ* de Berlín no había alcanzado sus objetivos, y esa debilidad interna fue el motivo de su fin.

DADÁ debería haber sido fundamentalmente un hecho anticultural.

El anti-arte roba a las cosas y a los materiales su carácter práctico, y también su significado concreto y civil; además, derriba los valores clásicos y los vuelve semiabstractos.

Sin embargo, este procedimiento sólo fue comprendido, y no totalmente, por algunos DADAístas que no querían desatender las cuestiones políticas. Esa fue la gran culpa de los DADAístas, causada por su irresponsabilidad.

DADÁ estaba dispuesto a postrarse, aunque en realidad se ocultaba a sí mismo que estaba dispuesto a morir.

Sin duda, DADÁ no fue jamás el aperitivo digestivo en el que querían convertirlo. DADÁ tenía que permanecer indigerible.

Para defender su posición, en el verano de 1920 me decidí a organizar en Berlín, junto con Grosz y Heartfield, la *Gran Feria Internacional Dadá*. Los fotomontajes, ensamblajes y carteles que pudieron verse allí fueron los últimos destellos dadá, y superaron todo lo visto hasta el momento.

En la Feria se expusieron auténticas osadías (por su concepción, por los materiales empleados y por su inventiva), que aún hoy día no han podido ser superadas por el neo-dadá ni por el arte pop; sin embargo, el público no cooperó, nadie quería ver ya DADÁ.

Los oficiales de los *Freikorps* de Lünewitz, que habían visitado la Feria, nos denunciaron por injurias al Ejército Alemán, pero el proceso sólo se instruyó contra Baader (como DADÁ Supremo), Grosz, Heartfield y Schlichter, el creador del suboficial alemán (que llevaba una máscara con forma de cerdo por cabeza).

A mí me dejaron en paz pues, como checoslovaco, era ciudadano de otro Estado; con esas cosas se era más precavido.

Al final todo se quedó en varias multas, un resultado penoso. Al testigo principal de la defensa, Paul Schmidt, director del Museo de Dresde, le costó muy poco convencer al juez de que todas las maldades dadaístas no eran sino travesuras juveniles, absolutamente disculpables.

El dadá se subleva, se agita y muere en Berlín (1970)

DADÁ había errado en sus objetivos. DADÁ, el terrible y amenazador caballo de Troya, se había convertido en un viejo jamelgo, el triste Rocinante, que nadie quería enseñar y sobre el que todos se avergonzaban de cabalgar.

DADÁ estaba muerto, sin gloria ni funerales de Estado. Muerto, sin más. Los DADAístas abandonaron sus actividades públicas.

Yo me declaré antiDADAísta y PREsentista, y reinicié la lucha, junto con Schwitters, desde otras perspectivas.

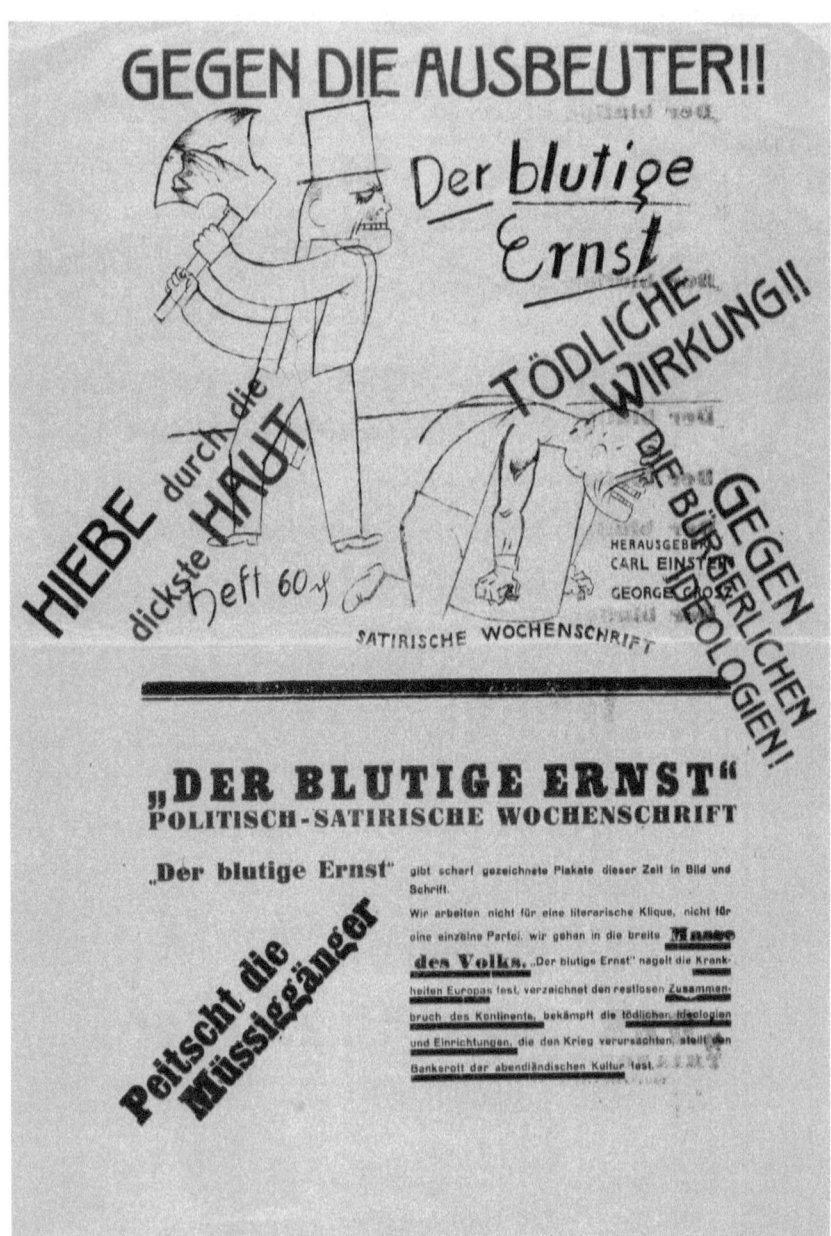

George Grosz, portada de *Der Blutige Ernst*, sin fecha

El hombre nuevo (1917)

Richard Huelsenbeck

I

Benvenuto Cellini anhela ver en sueños la esfera solar; nosotros, por el contrario, queremos sentirla de día, como corazón que palpita violentamente, como medida absoluta que regula nuestra personalidad, como meta de nuestro espíritu. Hemos oído hablar demasiado de los diálogos de los muertos, y nuestro oído ha tenido que prestar atención a cosas demasiado artificiales: por ello corrimos el riesgo de perdernos lo íntimo. *Palabras* y más *palabras*, demasiadas *palabras*: ya es hora de que emerja el silencio y de que el oído se prepare para lo órfico de las noches más sagradas. Los días y las noches se suceden, los dioses son destronados; pero permanece aquello que nos permite crecer y nos hace seres humanos. Tenemos que mirar muy dentro de nosotros para poder comprender qué se puede hacer con lo humano y dónde podemos buscar la síntesis de todas nuestras facultades y características. Debemos casi reverenciar el poder de nuestra alma si queremos llegar a comprender que lo imponderable de un momento sublime puede llegar a ser mejor respuesta a las cuestiones más complejas que el cálculo más preciso. Banal es la siguiente verdad: quien está llamado a decir muchas veces sí, se lo ha de decir a sí mismo.

El hombre nuevo debe extender bien las alas de su alma, sus oídos internos deben estar prestos a oír lo venidero, y sus rodillas deben inventar para sí un altar donde arrodillarse. Este hombre lleva dentro de sí el pandemónium *naturae ignotae*, y nadie puede hacer nada al respecto, ni a favor ni en contra. Orientado hacia lo divino en una postura grotesca, delirante en su camino a la redención como aquellos faquires, estilitas[1] y santificados mártires andrajosos de siglos y siglos, un buen día él, el jubiloso, el errático, el paralizado por el éxtasis, se ve descalabrado, consumido y derribado por el ardor de su corazón. ¡Eoh, eoh!, látigos y ¡ánimo!, guerras desde el principio de los tiempos. Y, sin embargo, he ahí el hombre, el hombre nuevo, diríase que resurgiendo de todas las cenizas, curado por las toxinas de los más fabulosos mundos, llevando en sí las vivencias del proscrito, del hombre salvaje; saturado, ahíto, impregnado hasta la náusea de los excrementos y de los diabólicos ingredientes de hombres manchados, europeos, africanos y polinesios de todo tipo y toda raza: ¡mira!, ahí está el hombre nuevo.

Ese hombre es fuerte, y su fuerza se estira hacia el cielo en dos verticales, pero ese impulso hacia arriba no encierra nada violento, y la mística de la elevación no es más aventurada que un *buon giorno* o una *felicissima notte*. El hombre nuevo se halla en extasiada redención, se adora a sí mismo tal y como María adora al Hijo. Ipsum quem genuit adoravi Maria.

El hombre nuevo no es nuevo porque así lo quiera la época, la nueva orientación, ese tantear alrededor de sí mismo como los ciegos y los hombres-topo. Él no es la fuente subterránea que aguarda el hacha del bárbaro para encontrar un uso. No es nuevo porque haga ejercicios gimnásticos como Hiller en vez de como Müller (el baile de los activistas, de esos libertinos con alma seca, es un rumor en sus manos). Este hombre es el dios del momento, la grandeza de los afectos dichosos, el fénix que emerge de la contradicción bondadosa; y siempre es nuevo, homo novus de su propia nobleza, porque su corazón le sitúa a cada minuto frente a la alternativa: ser humano o inhumano.

---

1 San Simón, nacido alrededor del 388, fue el primero de una larga serie de estilitas, o «ermitaños de columna». En una ocasión mandó levantar una columna con una pequeña plataforma en la parte más alta, donde pasó 36 años, hasta su muerte.

II

De él hay que contar cosas como de un padre que hubiera muerto ayer: su recuerdo nos invade y conmueve en tanto en cuanto aún somos él mismo. El mejor rasgo de su carácter es la humildad, esa gran humildad que nada perdona porque todo lo comprende y nunca castiga. Todo magisterio le es ajeno, no conoce sistema alguno que explique lo vital, le da la bienvenida al caos como a un amigo, pues el orden lo lleva en el alma. Ama el mar más que las montañas porque es símbolo del pueblo, de la masa, del rejuvenecimiento, del todavía-nada, del gran canasto donde se guardan las formas, del material de todas las estatuas divinas. Su frente, ancha y despejada, abarca las cosas más humanas: desde el collar de perlas de la prima donna sifilítica hasta las pócimas del curandero beodo; del arlequín callejero al demente en el rincón del manicomio. Puede comportarse de manera tan ridícula que cualquier gesto de sus manos provoca una risa frenética en los espectadores reunidos. Luego se convierte en un jorobado (de buena planta a un tiempo) con una flor en el ojal y una medalla en el trasero. Su cara reluce más roja que una amapola, apareciendo en ella todos los colores: gris, violeta... Tiene el lustre anacarado de los hombros venecianos, y su grito de mercader penetra en el corazón de los espectadores. Las niñas pequeñas le arrojan manzanas para que se cuelen por sus anchos pantalones sostenidos con tirantes; y al cerdo que tiene de mascota le tiran piedras. Sin embargo, el hombre nuevo se desnuda de todas las capas de su piel, de sus gafas, de sus pelucas, de sus postizos y de sus delantales y sale, con paso atento, al escenario al que él cree necesario salir: ¡vedlo ahí, al hombre nuevo! ¡Qué héroe en medio de ridiculeces tan crueles!, ¡qué fuerza hay en sus pantalones!, ¡cómo realza la musculatura de sus brazos! El hombre nuevo devuelve al ser humano su dignidad e intenta alentarlo en su miseria. Cuando habla de los artistas que pintaron la Madonna porque se sentían fascinados por sus ojos divinos (¿quién se siente hoy día fascinado por unos ojos divinos?), sus espaldas y las de las personas circundantes se despojan de toda rigidez. Su voz está en la campana que resuena sobre la plaza: ave, ave María. El hombre nuevo no está ni a favor ni en contra, no conoce los dolores de la polaridad, y hace ya mucho que las nacionalidades no significan para él antagonismo alguno. «Todos aquellos que creen en el valor de un orden aristocrático del mundo se equivocan.» -dice- «Todos esos aristócratas que vemos, los aristócratas por su formación, su riqueza o su nombre carecen de valor; pues sólo existe un alma, un *elan*, una valentía, que todo hombre posee. La pluralidad es sólo palabrería, no un sarcasmo de la historia. Un mono que se acicala no es por ello más que su vecino. Sí, enseguida actuáis con rasgos interiorizados sobrevalorados por vosotros mismos. Y, en esta vida, aquel que, en las riberas de lagos solitarios, no se haya tirado sobre los cantos rodados y se haya desollado la rodilla es un ladrón. La idea de que con el poder de los guías espirituales el mundo mejora es errónea. ¡Puff!, más bien es lo contrario, pues ya conocemos *las pequeñas arrogancias de esos curillas* y de los literatos conversos que arrastran sus dispépticos principios, cual valiosos bebés, por las aburridas habitaciones de las revistas, sin haber comprendido jamás la sabiduría del aburrimiento. El poder es atributo y esplendor de la maldad y, por ello, deseable (también por parte de los piadosos, que sólo viven porque existe la maldad). ¿Quién no echaría enseguida de menos en este mundo el placer, bello y cruel, de luchar con demonios? ¿Mejorar? ¡Oh, mon cheri!, mejora esa force extraordinaire de tu alma y no olvides que es a un tiempo tu force sexuelle. No creas en el griterío de los castrados y de los débiles, que quieren suprimir la tortura de este mundo, y piensa en las memorias de la casa de muertos.»

Dado que el hombre nuevo lleva en su corazón todos los órdenes de batalla existentes, no cree en la falange de los guías espirituales.

III

El hombre nuevo cree conocer sólo una lucha, la lucha contra la indolencia, el combate contra los gordos. Se trata de la antigua pelea de los flacos contra los gordos, mi querido Paul Beyer. Ronsard[2] canta una canción contra los faltos de reflejos, los erizos, los pilares y las rocas escarpadas; y así es como el hombre nuevo desea la espada de San Jorge para su dragón. Mira un árbol y le parece que tiene ante sí únicamente la ficción de ese árbol, pues sólo ve el impulso de crecer en cada célula. Un árbol, según cree, sólo es pasión y nostalgia por la copa. Sí, él, el más humilde de los hombres, se busca sus propios enemigos (los perrillos y las solteras raquíticos, los curillas faltos de temperamento), y tiene una capacidad artística muy perfeccionada para sacar a los burgueses de sus agujeros. Su enemigo es el deshonesto (el hombre nuevo es honesto y auténtico, varonil, de una sola pieza incluso en sus vicios más depravados), el de las medias tintas, el mentiroso compulsivo, el borracho de su propia vacuidad. El enemigo es el que llama a las puertas de Europa (ese «tardío chaval de Schwabing»)[3] sin haber antes limpiado de inmundicia su propia casa, la camarilla de los que se intercambian estrofas, el fantástico poeta *snob*, el hombre de la morfina, el desmedido a conciencia, el apestador de los momentos indiferentes. El hombre nuevo, que controla el valor de su personalidad, odia el jaleo, el ruido innecesario, el hablar por hablar, todas las idioteces del carácter juvenil excitado erógenamente, pues sabe muy bien qué es lo que la época quiere de él: lo varonil y lo útil, el ser capaz, la solidez.

La sencillez conduce a la meta mucho más rápidamente que cualquier tipo de desviación, y el iniciado desarrolla una mirada aguda para las rarezas que tiene ante sí y para las fantasías malabares. Sobre todo, para el hombre nuevo se convierte en una obligación lo siguiente (o él hace una de ello): uno mismo, gracias a un sentimiento del orden innato y a una pureza interior, obstruye todos los rodeos hacia

---

2   Pierre de Ronsard (1524 -1585), escritor y poeta francés del XVI.
3   Schwabing es el barrio de Múnich donde se construyó la Universidad en 1826 y la Academia de las Artes en 1885. Se asocia a, entre otros, Ernst Ludwig Kirchner, Lovis Corinth, Paul Klee y los artistas de Der Blaue Reiter Wassily Kandinsky, Alexey von Jawlensky, Gabriele Münter, Marianne von Werefkin y Franz Marc.

la forma artística vacua. Por ello, el hombre nuevo llama «indolentes» a todos aquellos que son falsos, sinuosos y difusos.

IV

Aún resta el *quid* de la cuestión y la pregunta de todas las preguntas: ¿qué es la humildad? ¿Fueron humildes aquellos que veneraron al ser humano en las horas cándidas y bondadosas, Cristo, Goethe, Dostoievsky? El hombre nuevo se dispone a responder: humildes son todos los que creen en el sentido de las cosas más pequeñas y, por ello, albergan en sus corazones gran tranquilidad y seguras expectativas.

El hombre nuevo compara el lento despertar de la inquietud espiritual exclusivamente con las cosas naturales. Dirige la mirada hacia las plantas que crecen a sus pies y observa los organismos a los que se cuida de pisar con sus botas. Se forma una tormenta, las nubes se acumulan sobre la ciudad, acto seguido se oye una detonación atronadora. Se alza una montaña; tu mirada, sorprendida, se queda fija sobre una monstruosa pared de sombras, y un sol rojo lo invade todo regularmente con su calidez. El hombre nuevo y su alma, que crece junto a las cosas, lo abarcan todo: la diversidad de los movimientos, la tormenta y la calma de las grandes formas, el subir y bajar, el ir y venir, la pleamar y el reflujo, la traslación de las lunas. El hombre nuevo siente su humildad en el conocimiento de las cosas. Conoce la vida de los protozoos, y sabe también cómo la sustancia viva crece hasta llegar a los circuitos mentales del ser humano. ¡Sí!, este hombre ha profundizado en las barrocas rarezas de antiquísimas formaciones rocosas, y la Catedral de Toledo se cuenta entre sus amigos e interlocutores más íntimos. El hombre nuevo dice: los modernos no saben nada de las cosas ni sienten añoranza por la redondez de los objetos, la sensualidad de las formas no inmuta sus retinas. Y, además, los más indolentes son los poetas. El mundo no se conquista con versos. Los modernos no saben que una sola gota de agua contiene el extracto de todas las obras de Shakespeare, ni saben que una mirada sobre un pequeño prado puede desvelar una profunda región del cielo. La humildad es mi conocimiento de todas las formas y mi creencia en su carácter divino. ¿Cómo se puede, pregunto, ser abstracto, pintar, escribir, esculpir, si no se tienen las cosas a partir de las cuales poder abstraer? El hombre nuevo transforma la *polihisteria* de la época en un conocimiento honesto acerca de las cosas y en una sana sensualidad. El hombre nuevo prefiere ser un buen académico antes que convertirse en un mal revolucionario. Aquella doncella de la Antigüedad que dijo: *No estoy aquí para odiar yo también, sino para amar también*, sigue siendo un modelo. Cualquier problemática, cualquier enunciado, cualquier tesis sólo puede y debe ser interpretación de esta sentencia.

V

El hombre nuevo dice a sus partidarios y a los que le escuchan: buscad un nuevo centro en vuestra vida y comenzad otra vez a creer en las grandes cualidades de los paganos. ¿Dónde está vuestro Plutarco, del que podéis aprender lo que es morir por cuestiones espirituales? ¿Cómo es posible que no os conmueva la lectura de los padecimientos de los mártires, cuyo convencimiento les llevó a dejarse dar tormento en el potro? ¿Cómo es que no captáis la belleza y el valor de una Juana de Arco? ¿Cómo no hincáis vuestras rodillas en la bulliciosa plaza, igual que Raskolnikoff,[4] y gritáis: Señor, Señor, mírame, soy un pecador? No tenéis relación alguna con las cosas, miráis las pequeñas cosas por encima, dirigiendo vuestras miradas hacia montañas ficticias; buscáis al Salvador por toda la tierra sin reparar en vuestro corazón, el cual, dentro de su angustiado pecho, ansía la redención. ¿Por qué no pensáis en la muerte, en la muerte todopoderosa, en la muerte del toro en las plazas españolas, en la muerte representada en los relieves de la Antigüedad, en la muerte provocada por el cólera

---

4   Protagonista de *Crimen y castigo* de Dostoievsky

y la peste? ¿Por qué no pensáis en ella cuando desgarra cuerpos y espolea a familias unas contra otras en un rapto asesino? ¿Por qué no pensáis en nada de lo que hace al mundo grande y temible? ¿Cómo? ¿Que no sois más listos que el último de los estudiantes de medicina o que el biólogo que convierte la vida de la madre sagrada en una cuestión de fisiología? El hombre nuevo sabe temer la muerte a causa de la vida, pues quiere erigirle un monumento a su espiritualidad, es honrado por naturaleza, piensa de un modo más noble que vosotros. Su pensamiento es: Malo libertatem quam otium servitium. Y también: todo ha de vivir (el burgués, el saco de grasa, el tragaldabas, el lechón cebado de la espiritualidad, el pastor de todas las miserias), pero no para siempre.

La primera conferencia dadaísta en Alemania (1918)

Richard Huelsenbeck

Damas y caballeros:

Esta velada se ha concebido como una declaración de simpatía hacia el dadaísmo, una nueva «corriente artística» internacional iniciada en Zúrich hace dos años. Entre los impulsores de esta bella criatura se encontraban Hugo Ball, Emmi Hennings, el pintor Slodki, los rumanos Marcel Janko y Tristan Tzara y, por último, yo mismo, que tengo el honor de poder hoy, desde esta tribuna, hacer propaganda de mis antiguos camaradas y de nuestras viejo-nuevas opiniones. Hugo Ball, gran artista y aún mejor persona, un hombre en absoluto *snob* ni literario, fundó en 1916 en Zúrich el Cabaret Voltaire, desde donde, con nuestra ayuda, se desarrolló el dadaísmo. Este movimiento se convirtió necesariamente en un acontecimiento internacional. Había que encontrar algo común entre rusos, rumanos, suizos y alemanes. Organizamos un aquelarre como no pueden ustedes imaginarse, con un tremendo bullicio de la mañana a la noche: un delirio de timbales y tambores africanos, un éxtasis de claqué y danzas cubistas. Los rumanos venían de Francia, amaban a Apollinaire y Max Jakob y sabían mucho acerca de Barzun, de Poème et Drame y de los cubistas. Desde Italia escribían Marinetti, Palazeschi, Savinio. Nosotros, los alemanes, estábamos allí en medio sin enterarnos de mucho. Ball era el único que había absorbido y reelaborado los problemas de las corrientes futurista y cubista. Es posible que se encuentre entre ustedes alguien que lo escuchara en 1915, durante la velada expresionista celebrada en Berlín que yo mismo organicé con él. Aquellos fueron, sin duda, los poemas más expresionistas que Alemania haya escuchado jamás.

Ball se llevó consigo a Suiza a su «perro ladrador», un fantasma de tal fuerza que gentecillas como Korrodie y Rubiner* sufren todavía al recordarlo. El Cabaret Voltaire era el escenario de nuestros ensayos, y en él nos afanábamos por encontrar cosas comunes. Allí hicimos juntos unos cánticos de negros fabulosos, armando jaleo y empleando instrumentos primitivos. Yo, una figura casi mítica, era el solista. Trabaja, trabaja la mojere--- Le echábamos mucho sentimiento. En Zúrich, todos los vividores del mundo del arte se coaligaron en una cruzada contra nosotros. Eso fue lo mejor: ahora ya sabíamos con quien teníamos que vérnoslas. Estábamos en contra de los pacifistas, pues la guerra nos había dado la oportunidad de existir en todo nuestro esplendor; y, en aquel entonces, los pacifistas eran los más decentes, igual que hoy, con todos esos jovencitos idiotas aprovechándose de la coyuntura con sus libros en contra de la época.** Y estábamos a favor de la guerra, igual que el dadaísmo aún hoy día está a favor de la guerra. Las cosas tienen que chocar entre sí: nada transcurre todavía de un modo lo suficientemente cruel. Al principio, ensayábamos nuestras danzas cubistas en el Cabaret Voltaire con máscaras de Janco, trajes de cartones de colores hechos por nosotros mismos y lentejuelas. Tristan Tzara, quien actualmente edita los cuadernos dadaístas de Zúrich, inventó la representación para la escena del poème simultan, un poema declamado por varias personas a la vez en distintas lenguas, ritmos y tonos. Yo inventé das concert des voyelles y el poème bruitiste, una mezcla de poesía y música bruitística igual que la que habían hecho famosa los futuristas con su obra réveil de la capitale. Las invenciones llovían: también Tristan Tzara inventó el poème statique, una especie de poema óptico que hay que observar como quien observa un bosque; y yo inicié el poème mouvementiste, una representación con movimientos primitivos original hasta hoy día.

Muy señores míos, así empezó el dadaísmo, un cónclave de energías internacionales. Del cubismo estábamos hartos, pues lo únicamente

---

* Rubiner se hizo adepto a las teorías melioristas y murió en la primavera de 1920. R.I.P.S.
** En 1918 por ejemplo la ya desaparecida editorial Berger & Co.

abstracto comenzaba a aburrirnos: en cuanto uno se mueve un poco y actúa como un hombre vivo, llega a lo real sin esfuerzo. El futurismo, tal y como existía, era algo exclusivo de los italianos, una lucha contra esa horrible antigüedad y su anodino poder-hacer, capaz de destruir en aquel país todo talento imaginable. El futurismo, despreciado hasta hace bien poco (aduciendo el motivo de que sus versos serían malos o incomprensibles) por cabezahuecas absolutamente ignorantes aquí en Alemania, donde tenemos el honor de ser los últimos en todo; ese futurismo, señores míos, era una lucha contra la estatua de Apolo, contra la cantilene y contra el bel canto.[*] Pero, ¿qué teníamos que ver los dadaístas con todo eso? Nada, ni con el futurismo ni con el cubismo. Nosotros éramos algo nuevo, éramos los dadás, dadá-Ball, dadá-Huelsenbeck, dadá-Tzara. Dadá es una palabra que existe en todas las lenguas, y no expresa sino la internacionalidad del movimiento: no tiene nada que ver con el balbuceo infantil con el que se le quiere vincular. Entonces, ¿qué es el dadaísmo al cual defiendo yo aquí esta noche? Pues es la oposición política radical de los grandes movimientos artísticos internacionales, el puente que conduce hacia la nueva alegría que se siente por la realidad. En él hay tipos que se han batido el cobre en esta vida, gente con destinos y con la capacidad de vivir las cosas. Gente con el intelecto aguzado, que sabe que se encuentra ante un cambio de época. Hasta la política sólo hay un paso: mañana serán ministros o mártires del Schlüsselburg. El dadaísmo es algo que ha superado dentro de sí los elementos del futurismo o los teoremas cubistas. Tiene que ser algo nuevo, pues está a la cabeza de la evolución, y los tiempos cambian con las gentes que son capaces de ser cambiadas. «Las oraciones fantásticas», de las cuales les leeré algo un poco más tarde, se han publicado en la Editorial Dadá, y contienen, espero, el colorido de este movimiento.

---

* Véase al respecto *Im Kampf um die neue Kunst* [La lucha en torno al nuevo arte] de Däubler.

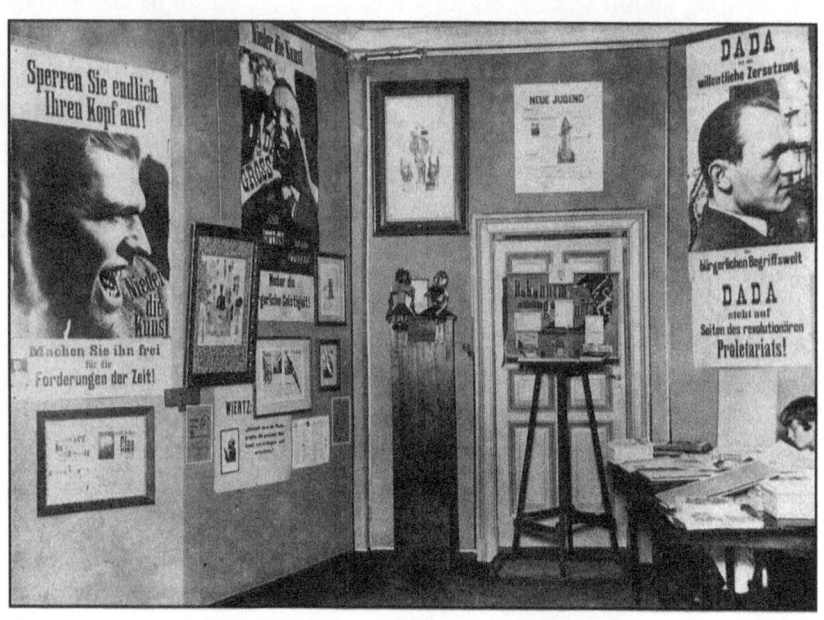
Primera Feria Internacional Dadá. Sala 1

Manifiesto dadaísta (1918)

AA.VV.

El arte en su realización y dirección depende del tiempo en el que vive, y los artistas son criaturas de su época. El arte supremo será aquel que en sus contenidos de conciencia presente los mil problemas de su tiempo, al que se le note que se deja arrastrar por las explosiones de la última semana, que elija sus miembros una y otra vez bajo el impacto del último día. Los artistas mejores y más singulares serán aquellos que recojan en cada momento los jirones desgarrados de su cuerpo por el laberinto de las cataratas de la vida, obstinados en el entendimiento de la época, sangrando en las manos y en el corazón.

¿Ha satisfecho el expresionismo nuestras esperanzas de un arte que sea balotaje de nuestros asuntos más vitales?

¡no! ¡no! ¡no!

¿Han satisfecho los expresionistas nuestras esperanzas de un arte que nos queme en la carne la esencia de la vida?

¡no! ¡no! ¡no!

Bajo el pretexto de la interiorización, los expresionistas se han agrupado, tanto en literatura como en pintura, en una generación que hoy espera ya ansiosamente su apreciación literaria e histórico-artística y aspira a un honroso reconocimiento de los ciudadanos. Con el pretexto de propagar el alma se han acostumbrado, en su lucha contra el naturalismo, a los gestos patético-abstractos que presuponen una vida carente de contenido, cómoda e inamovible. Los escenarios se llenan de reyes, poetas y naturalezas fáusticas de todo tipo; la teoría de una concepción bonificada del mundo sublimiza las mentes inactivas, cuyo estilo infantil, más ingenuo psicológicamente, debe seguir siendo significativo para una complementación crítica del expresionismo. El odio contra la prensa, el odio contra la publicidad, el odio contra la sensación habla en favor de unos seres humanos para los que su sillón es más importante que el ruido de la calle y sacan partido de ser engañados por cualquier chanchullero chafandín. Aquella resistencia sentimental contra una época, que no es mejor ni peor, más reaccionaria o más revolucionaria que todas las demás épocas, aquella débil oposición que mira de reojo las plegarias y el incienso, cuando no prefiere hacer sus dardos de cartón con yambos áticos – son atributos de una juventud que nunca entendió lo que significa ser joven. El expresionismo, descubierto en el extranjero, se ha convertido en Alemania, por ser estilo de moda, en un idilio lucrativo y en esperanza de una buena pensión; ya no tiene nada que ver con las aspiraciones de seres activos. Los firmantes de este manifiesto se han unido bajo el grito de combate

¡¡¡¡**DADÁ**!!!!

para hacer propaganda de un arte del que esperan la realización de nuevos ideales. Ahora bien, ¿qué es el DADAÍSMO?
La palabra dadá simboliza la relación más primitiva con la realidad circundante, con el dadaísmo adquiere sus derechos una nueva realidad. La vida aparece como mezcolanza simultánea de ruidos, colores y ritmos espirituales que, en el arte dadaísta, son inmediatamente recogidos por todos los gritos y fiebres sensacionales de su audaz psique cotidiana y en toda su brutal realidad. He aquí la encrucijada, enérgicamente marcada, que separa al dadaísmo de todas las corrientes artísticas anteriores y sobre todo del FUTURISMO, al que recientemente algunos mentecatos han considerado como una nueva versión de la práctica impresionista. El dadaísmo, por primera vez, ya no se enfrenta de un modo estético a la vida, ya que hace trizas en sus

partes integrantes todos los tópicos de la ética, la cultura y la interioridad, que no son más que revestimientos para músculos débiles.

La poesía BRUITÍSTICA

describe un tranvía tal y como es, la esencia del tranvía con el bostezo del jubilado Schulze y el chirrido de los frenos.

La poesía SIMULTANEÍSTA

muestra el sentido de la confusión de todas las cosas, mientras el señor Schulze lee, el tren de los Balcanes atraviesa el puente en Nisch, un cerdo gime en el corral del carnicero Nuttke.

La poesía ESTÁTICA

hace de las palabras individuos, de las letras de la palabra bosque surge el bosque con sus copas, las libreas de los guardas forestales y los jabalíes, quizás aparezca también una pensión, tal vez Bellevue o Bella vista. El dadaísmo conduce en todas las artes hacia posibilidades y formas expresivas nuevas e inéditas. Ha hecho bailar al cubismo en el escenario, ha propagado por toda Europa la música BRUITÍSTICA de los futuristas (cuyo asunto puramente italiano no desea generalizar). La palabra dadá remite asimismo a la internacionalidad del movimiento, que no está vinculado a ninguna frontera, religión o profesión. El dadá es la expresión internacional de esta época, el gran grupo de oposición de los movimientos artísticos, el reflejo artístico de todas estas ofensivas, conferencias de paz, peleas en la verdulería, comidas en el Explanade, etc. etc. El dadá quiere la utilización del

nuevo material en la pintura.

Dadá es un CLUB, fundado en Berlín, en el que se puede ingresar sin contraer obligaciones. Aquí todo el mundo es presidente y todo el mundo puede dar su opinión dondequiera que se traten cuestiones artísticas. El dadá no es un pretexto para la ambición de algunos literatos (como nuestros enemigos quieren hacer creer), dadá es una forma de pensar que puede manifestarse en cualquier conversación, de tal modo que sea posible afirmar: este es un DADAÍSTA – aquel no; el Club Dadá tiene por ello miembros en todas las partes de la tierra, tanto en Honolulú, como en Nueva Orleans y Meseritz. Ser dadaísta puede significar, en determinadas circunstancias, ser hombre de negocios o de partido más que artista –ser artista sólo por casualidad–. Ser dadaísta significa dejarse impresionar por las cosas, estar contra cualquier sedimento, estar sentado por un momento en una silla; significa haber puesto en peligro la vida (el Sr. Wengs ya se sacó el revólver del bolsillo del pantalón). Una tela se desgarra entre las manos, se dice sí a una vida que mediante la negación se hace más sublime. Decir sí – decir no: el poderoso arte del birlibirloque de la existencia da alas a los nervios del auténtico dadaísta –así se acuesta, así corre, así pedalea–, medio Pantagruel, medio San Francisco, y ríe y ríe. ¡Contra la actitud estético-ética! ¡Contra la abstracción exangüe del expresionismo! ¡Contra las teorías de los cabezahueca literarios que mejoran el mundo! ¡Por el dadaísmo en la palabra y en la imagen, por el acontecer dadaísta en el mundo! ¡Estar en contra de este manifiesto significa ser dadaísta!

Tristan Tzara. Franz Jung. George Grosz. Marcel Janco.
Richard Huelsenbeck. Gerhard Preiß. Raoul Hausmann.
O. Lüthy. Frédéric Glauser. Hugo Ball. Pierre Albert Birot.
Maria d'Arezzo. Gino Cantarelli. Prampolini. R. van Rees.
Madame van Ress. Hans Arp. G. Träuber. Andrée Morosini.
François Mombello-Pasquati.

Proyección sintética del arte de la pintura (1918)

Raoul Hausmann

Quien quiera, que apoye la convención heredada: por encima de todo, ante nosotros la vida se nos aparece plenamente en forma de estrépito descomunal, de tensión en colapso de expresiones nunca dirigidas unívocamente, de una (pese a todo) efusión trascendental de una serie de profundas intrascendencias en las que no caben acrobacias éticas sobre bases estrechas: *l'art dada* es la posición que se mantiene al margen de los conflictos de la petulancia lastimera del creador, es arte que pone en evidencia con estruendo aquella falacia inconsecuente de la (si se le puede llamar de algún modo) necesidad interna. El arte no tuvo nunca sentido más profundo que el sinsentido de la autodelectación de unos completos imbéciles, tomada por ellos mismos con solemnidad deslizando asociaciones complejas.

El pintor pinta igual que muge el buey: este solemne descaro de almotacenes varados, mezclado con melancolía, ya proporcionó importantes cotos de caza, especialmente a historiadores del arte alemanes. La muñeca desechada por el niño o un trapo de colorines son expresiones más necesarias que las de cualquiera de estos burros, que pretende ser trasplantado al óleo en una buena sala terrenal para la eternidad. La oscura asimilación de los difusos complejos de la necesidad interna (entendida esta como disculpa ética) y su proyección al exterior, como sucede en el psicoanálisis, es un experimento de santería psicofísica, es medicina objetiva; diferente de de la capacidad subjetiva de valoración, plena de contradicciones, de esas imágenes difusas ininterrumpidas, pues en esa capacidad sigue estando presente lo más importante: la sexualidad. Toda exteriorización es sexual: las transformaciones más monstruosas, que son degeneración aparente, evidencian aún más la impostura que promueve el arte, camuflando la vivencia no vivida con posiciones éticas de huida interior.

El expresionismo, tal y como se ha manifestado claramente hasta ahora, sólo podrá otorgársele al animal como ser que goza y sufre en plenitud de esas relaciones consigo mismo de modo funcional y complejo.

El ser humano es simultáneo, portento de lo propio y de lo ajeno, ahora, antes, después y a la vez, es Búfalo Bill en estallido de romanticismo apache de la realidad más infinita de la experiencia, que encierra recurrentemente dentro de sí los complejos y las relaciones más antinómicos. Tomando forma de zapatos de niño, bajo el aspecto de la telepatía, la teosofía, el ocultismo, la sugestión, el magnetismo, la premonición del crimen, la seguridad en la tradición, enfrentándose con la capacidad de disolver los límites que tienen el incesto, la homosexualidad, la poligamia y la poliandria, la necesidad interna del arte, y otras tantas limitaciones complejas, el ser humano experimenta a día de hoy, de forma larvada, avergonzada, presentando la necesidad de la represión como una virtud, como así demuestran algunos experimentos inconscientes (la Guerra Mundial o *l'art pour l'art*), la enorme posibilidad que ofrece la disposición abierta de su capacidad de experimentar lo sexual-físico, que ya no precisa de las acrobacias éticas de ningún arte.

Son experimentos de intensificación gradual de los órganos sensoriales realizados por la ciencia y el arte que, no obstante, se quedan en meros gestos de dilución, de reacción agresiva, dirigidos contra el ser humano (en los que el arte conserva, todavía antes que la de la ciencia, una inmoralidad, una inobjetividad consciente, y la puede contabilizar como un bien).

El cubismo, el futurismo, material expresivo de la intelectualidad visual, con ese gran gesto de la irrupción de la experiencia en la cuarta dimensión, se quedan en experimentos de una ampliación compleja de la percepción de quimiotropismos ópticos. En el cubismo órfico y en el futurismo se han generado quizá los conocimientos más espontáneos, muy por encima de las teorías ocultistas del aura:[1] una representación casi fiel de nuestra complejidad de contraste simultánea, que nunca antes hasta ahora había funcionado de forma tan intrínseca.

El expresionismo, símbolo de esta revocación del instinto –de la necesidad interna– hundiéndose cada vez más en la superación estética del universo, es hoy un concepto encasillado. Necesidad vital es igual a cartilla de racionamiento del carbón, o a estraperlo para la gente a salvo del peligro, de la urgencia de ser.

El material del pintor expresionista viene resultando casi una memez astral de valores cromáticos y lineales orientados a la interpretación de lo que vienen en llamar tonos espirituales; donde ni siquiera el ritmo da el nivel, al dejársele caer entrecortado, y manteniéndose, en forma de romanticismo estético, fuera de cualquier experiencia vital.

El orfismo cubista, el futurismo, que supieron llevar sus medios, el color en el lienzo, después el cartón, el cabello postizo, la madera, el papel, a una relación de compenetración real, fueron sofrenados en última instancia por su propia objetividad científica. *L'art Dada* les quiere ofrecer un bálsamo colosal, un impulso hacia la vivencia real de todas las relaciones.

El dadá es la malicia benévola perfecta. Junto a la fotografía exacta, la única forma de comunicación figurada legítima a la par que equilibrio en experiencia vital compartida: aquel que porte en sí la más íntima inclinación hacia la redención, será dadaísta. En el dadá reconocerán ustedes su situación real: maravillosas constelaciones de material real, alambre, vidrio, cartón, tela, en correspondencia orgánica con su propia y absolutamente completa fragilidad y deformidad; sólo aquí no se da por vez primera ningún género de represión, de ofuscación angustiada, nosotros nos encontramos a gusto lejos del simbolismo, del totemismo: piano eléctrico, ataque con gases asfixiantes, redes de

---

1 Conjunto de teorías desarrolladas por el barón Carl von Reichenbach en la primera década del siglo, quien afirmaba que era posible captar la imagen del aura (*Od-Energie*) que desprenden los cuerpos, la cual no es apreciable por el ojo humano de modo natural.

intereses, hospitales de campaña rugientes a los que sólo proporcionamos, por medio de nuestros organismos maravillosos y llenos de contradicciones, alguna legitimidad, algún eje pivotante, alguna razón para permanecer en pie o para precipitarse.

Y ello se consigue merced al poder de impacto que atesora el empleo de nuestro material en forma de arte nuevo de autorrepresentación progresiva, concebida en movimiento, que renuncia a las seguridades tradicionales de los adyacentes circundantes más próximos por considerarlos atmósfera asimilada.

Fiesta de Keller con Baader (1972)

Raoul Hausmann

Con Baader podía trabajar fantásticamente en algunas ocasiones. «Hoy es el centenario del nacimiento de Gottfried Keller»,[1] me dijo Baader de repente una ardiente tarde de verano en 1918. Nos encontrábamos en medio de la calle Rheinstrasse en Friedenau, un cielo espléndido, una ligera penumbra en la ancha calle, limitada por casas no muy altas. Entre dos franjas de césped, bajo reverdecientes árboles se deslizaba el tranvía. Yo me decidí de inmediato:
«¿Llevas encima algo de Gottfried Keller?»
«Claro, el *Enrique el verde*»
«Bien, lo vamos a celebrar inmediatamente»
Sin malgastar ni una palabra, nos dirigimos al centro de la calle, hacia la calzada, bajo una brillante lámpara eléctrica, alta, demasiado alta arriba en el aire. Codo con codo sacamos el libraco y empezamos a leer: *Poesía al instante, a medida*. Recitamos por turno, pasando hojas al azar en el libro, aquí y allá fragmentos de oraciones, sin comienzo, sin final, cambiando la voz, el ritmo, el sentido. Pasamos las hojas de delante hacia atrás, de atrás hacia delante, espontáneamente, sin vacilar, sin interrupciones. Eso dio lugar a sentidos nuevos y maravillosas conexiones. ¿No advertíamos a los transeúntes? En todo caso no notábamos ningún signo de atención del público - seguimos a lo nuestro con ahínco durante más de un cuarto de hora. Las palabras

---

1 Gottfried Keller (1819-1890), escritor suizo, alumno de Feuerbach. Su obra más importante es la novela autobiográfica *Der Grüne Heinrich* (1854-1855). Es autor también de los cuentos *Die Leute von Seldwyla* (1856) y los poemarios *Gedichte* (1846) y *Neue Gedichte* (1851).

del libro nos parecían misteriosas, iluminadas por nuestra solemne forma de hablar, animados por nuestro entusiasmado espíritu, torturados por nuevas conexiones, sentidos más allá del sentido y del entendimiento.

Pero de golpe tuvimos suficiente, acabamos, cerramos el libraco y nos pusimos en marcha. En el jardín delantero de una pequeña cantina en algún lugar cercano (creo que era en la esquina de la avenida del Kaiser), nos entretuvimos durante una hora, tomando una Grätzerbier,[2] hablamos en un galimatías psicoanalítico inventado por nosotros, casi sin una palabra normal, correcta, en un estado de inflamación del inconsciente, que dejaba escapar sus secretos por todos los rincones.

Fue una fiesta muy bonita, muy digna, y lamento infinitamente que no fuera filmada. Pero el cine sonoro no existía aún.

---

2 De Grätz, nombre alemán de la ciudad polaca de Grodzisk, de donde proviene esta cerveza, muy popular en la época y que también se fabricaba en otras ciudades de la Prusia Oriental.

Al *Berliner Tageblatt* (1918)

Johannes Baader

Que las palabras que pronuncié ayer en la catedral: «¡Jesucristo nos importa un pimiento!», tenían otro sentido que el reproducido en el día de hoy por los periódicos matinales de Berlín, se deduce del texto del discurso que ustedes tienen en su poder. La afirmación que asimismo aparece en los citados periódicos de que se trata de un enfermo mental se suma a los medios que se emplean hoy día cuando una persona se vuelve incómoda.

18/11/18

La historia de mi vida no está ni en las actas de la policía ni en las redacciones de los periódicos. El que quiera conocerla tiene que interponer la sabiduría de todo el mundo entre él y yo, si no, obtendrá una caricatura o no verá absolutamente nada.

El Presidente de la Humanidad

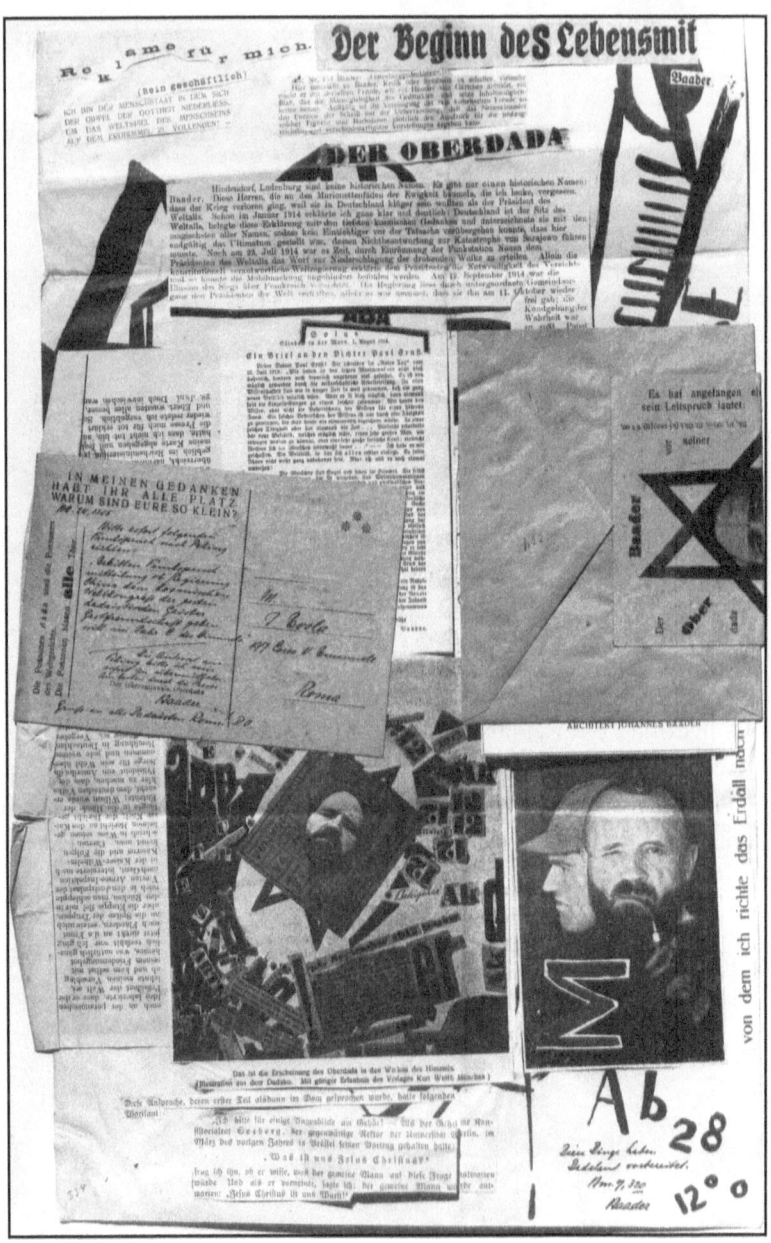

Johannes Baader, *Milchstrasse*, 1918-1920

¿Quién es dadaísta? (1918)

Johannes Baader

Dadaísta es el ser humano que ama la vida en la inmensidad de todas sus formas, y quien sabe y dice: ¡no sólo aquí, sino también allá, allá está la vida![1] De ahí que el dadaísta verdadero domine también el registro completo de las manifestaciones de la vida humana, que va desde la autoparodia grotesca hasta la palabra santísima del oficio divino sobre el orbe ya conformado que pertenece a todos los hombres. Yo cuidaré de que los hombres sigan viviendo en esa tierra en tiempos venideros. Hombres que hallarán el espíritu en la fuerza y, provistos de ese espíritu, refundarán la humanidad.

El Dadá Supremo

Yo estoy por encima de la Asamblea Nacional. No por virtud del derecho de un partido, sino del Derecho del Espíritu. En tanto hay un Papa, es que también hay un Cristo.

A aquel que no me quiera seguir como Cristo quisiera darle la bienvenida como amigo del «Dadá Supremo». Quien tampoco lo quiera, que venga conmigo, con el ser humano capaz de abrazar el cosmos en toda su plenitud.

---

1 Juego de palabras con el término *Dadaist*: «da, da ist das Leben» en el original.

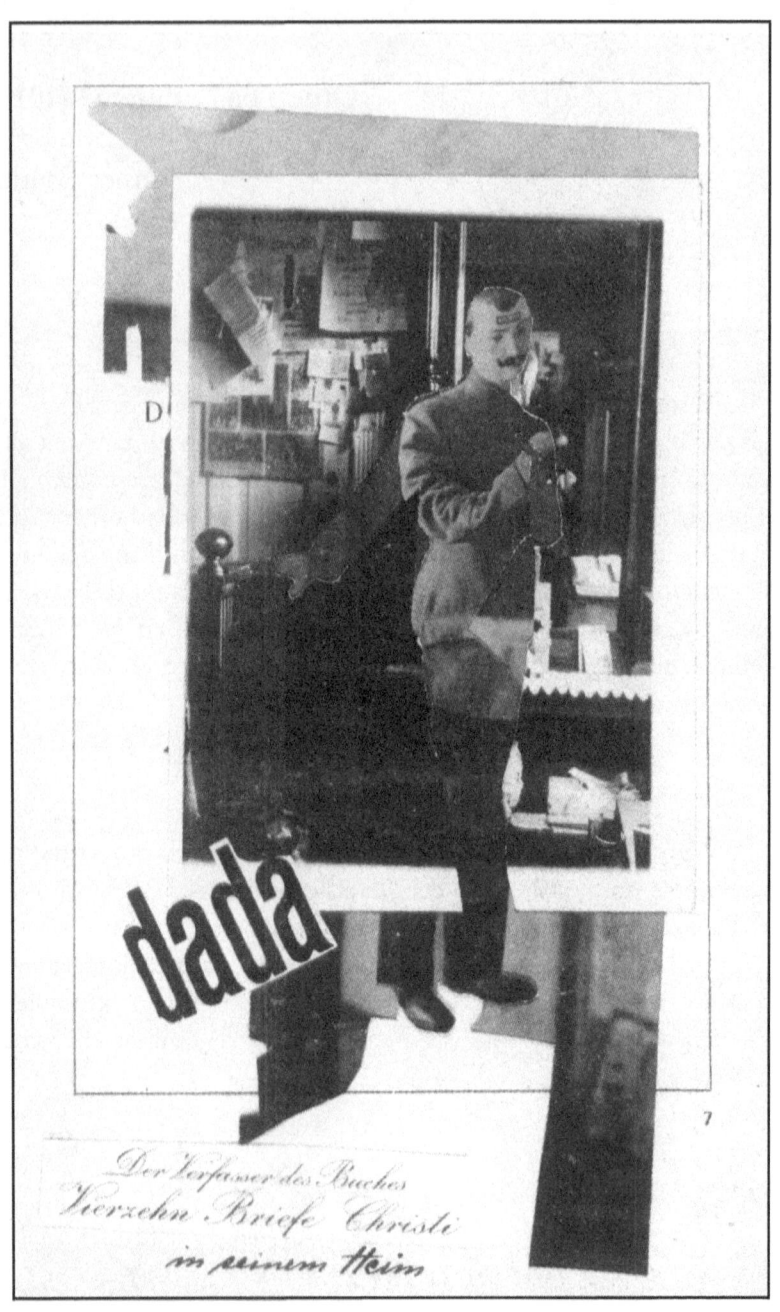

Johannes Baader, *El autor en su casa*, 1920

Las ocho máximas universales (1919)

Johannes Baader

del maestro Johannes Baader sobre el orden de la Humanidad en el Cielo, seguidas de aclaraciones a las mismas

Ha comenzado un nuevo acto de la Divina Comedia y su lema reza así: los hombres saben que están en el cielo.

Los hombres son ángeles y habitan en el cielo.

Ellos mismos y todos los cuerpos que los envuelven, son acumulaciones cósmicas del más vigoroso orden.

Sus transformaciones químicas y físicas son procesos mágicos más arcanos y grandiosos que cualquier apocalipsis o génesis en el ámbito de nuestras estrellas.

Toda manifestación o percepción del ánimo o del espíritu es asunto más maravilloso que el suceso más increíble jamás narrado en las historias de las *Mil y una noches*.

Toda acción de los hombres y de todos los cuerpos ocurre para el disfrute de los pasatiempos celestiales en forma de juego del género más elevado, y es observada y vivida de manera tan múltiple y variada como unidades de conciencia le corresponden.

Una unidad de conciencia no es solamente el hombre, sino también todos los órdenes de forma mundana en los que se conforma y entre los que habita como ángel.

La muerte es un cuento de niños, y la fe en Dios fue una regla del juego para la conciencia del hombre durante el tiempo en el que no se sabía que la Tierra es una porción del cielo, como todo lo demás.

La conciencia del universo no necesita de ningún Dios.

¿En qué otro lugar habríamos de estar sino en el cielo? Nómbrenme un milagro más grande que la existencia del mundo y del hombre.

¿Qué es un cosmos y una acumulación cósmica?

La ciencia biológica logró calcular cuántos universos de cosmos giran en el interior de una única célula del hígado humano. Son 227 billones. Tal cantidad de moléculas es necesaria para que la única mota de polvo de célula que contiene trabaje de acuerdo a como el hombre sano espera que lo hagan las células de su hígado.

¿Qué tamaño tienen esas moléculas?

Suban a la nave celestial que pone rumbo más allá de la luna y las estrellas. Y más allá aún, por encima de la corona de estrellas de la Vía Láctea, hacia el interior del espacio sideral que queda vedado a la vista. Vean cómo la Tierra se hace pequeña, así como la luna y el sol. Y cómo la corona de estrellas de la Vía Láctea se encoge a medida que nos alejamos de ella hacia el espacio exterior.

Y si nos sumergimos un trecho más en la oscuridad del universo, entonces la corona de estrellas de la Vía Láctea desaparecerá en forma de raya, convirtiéndose en un puntito que centellea ante nosotros.

Si, pese a todo, hubiéramos olvidado que provenimos de allí; que hemos transitado ante lunas y soles candentes de un mundo en el que había cosas como la Dieta Imperial alemana y el Emperador alemán, o naciones que se devoraban en bosques despedazados, que se asesinaban con gases tóxicos, que se ahogaban en océanos agitados y salpicantes; si lo hubiéramos olvidado todo, y en pie a bordo de la nave de los mundos, con la mirada ingrávida del recién nacido, contempláramos el puntito trémulo y centelleante flotando mansamente ante nosotros; quién querría decirnos que ese punto sería algo más que el destello candente de un cerillo que, en el transcurso de nuestro cigarro de la sobremesa, arrojamos distraídamente hacia la oscuridad voraz del espacio exterior. *Ambos son un punto que sólo es pequeño porque lo medimos con un rasero superficial y porque estamos de él a una distancia universal.* Si viviéramos en el interior de ambos habitáculos y midiéramos con el rasero de dentro, el *punto de la Vía Láctea*, el *destello de la cerilla* y la *molécula* serían del mismo tamaño universal inmensurable.

Panfleto contra la concepción weimariana de la vida (1919)

Raoul Hausmann

¡Yo proclamo el universo dadaísta! Yo me río de la ciencia y de la cultura, esas miserables salvaguardas de una sociedad condenada a muerte.

¿Qué me puede a mi interesar saber qué apariencia tenía Martín Lutero? Yo me lo figuro como un hombre bajito y barrigudo. Se parecería a Ebert, nuestro dignatario popular. Qué falta nos hace leer los sermones de Buda; mejor es hacerse una idea equivocada de los tratados filosóficos. O saber que en el Cámbrico había libélulas gigantes, para cuya honra la presión atmosférica era aún superior a la de ahora. O que 227 mil millones de átomos integran una molécula del tamaño de la décima parte de un milímetro cúbico. Aunque para mí menos importancia todavía que esas cuestiones incontrolables la tienen los poetas graves.

¿Que por qué es mejor ser comerciante que poeta? El comerciante engaña abiertamente y sólo a los demás: esto, de acuerdo con el código burgués, está legitimado. El poeta se engaña a sí mismo cuando habla por todos, y se regenera apartado del mundo suprarreal. Estos señores *Fritz von Geschlecht*[1] que nos dibujan su inquietud en el rostro querrían ser impulso oscuro de un Dios en el que ellos mismos no creen porque sólo conceden existencia a su propio ego infame; estas cargas explosivas de codicia son auténticos apaches de la dignidad

---

1 Referido al poeta expresionista Fritz von Unruh (1885-1970), autor de la tragedia *Ein Geschlecht* (1917).

de un Karl May (¡Oh, Shatterhand! ¡oh, Winnetou!),[2] aunque no tan reales como ese sajón del Moritzburg natal del cerebro alemán.[3]

Estos poetastros juntaversos padecen la bilis de su gravedad lastimera, y recubren una vez más con lepra las abolladuras intelectuales del gobierno de Ebert y Scheidemann, patrocinando cacofónicamente su miserable vals de fonógrafo del mismo modo que en otro tiempo clamaran llenos de entusiasmo en favor del agente de policía prusiano.

En esta coyuntura, por amor al proletario burgués, y en prudente previsión de su llegada, algunos de los más refinados se habían presentado bajo la categoría de intelectuales (profiriendo ahora, bajo la demanda de disciplina, paz y orden, un murmullo sostenido en la panza del Dios Mamón).[4] Los poetas, esos idealistas con valor mercantil de uso corriente, han destruido la sabiduría del hombre sencillo: han alojado en la mismísima cabeza de los proletarios el afán de formación como ficción del valor añadido de la palabra rimada; estos empleados de la estulticia moral del Estado de Derecho habrían teni-

---

2 Karl May (1842-1912). Popular autor de novelas juveniles, una especie de versión alemana del francés Verne o el italiano Salgari. Condenado a prisión varias veces por delitos contra la propiedad, el éxito literario terminó por convertirlo en un burgués respetable. Sus libros están escritos en primera persona y se sitúan primordialmente en el Oeste americano y Oriente Medio. Las novelas de la serie americana tienen como protagonista a Old Shatterhand y su amigo el indio apache Winnetou. Las que se sitúan en Oriente están protagonizadas por Kara ben Nemsi y su amigo Halef Omar.

3 Moritzburg es una zona de recreo cerca de Dresde frecuentada por los artistas del grupo Die Brücke, antecesor del expresionismo, con pequeños lagos poco profundos rodeados de juncos y matorrales que se encuentran en los alrededores de un pabellón de caza construido en el siglo XVI para el elector Mauricio de Sajonia.

4 Referencia bíblica (Mateo, 6, 24; arameo: *mamona*; latín *mammona*) no traducida en la versión de Lutero. Alude a la doble inclinación que provoca la codicia en el ser humano. En la Biblia de Jerusalén de 1998 se traduce por el Dinero como deidad: «nadie puede servir a dos señores; porque aborrecerá a uno y amará al otro; o bien se entregará a uno y despreciará al otro. No podéis servir a Dios y al Dinero.»

do que deslizar en las conciencias la atención vigilante de la carcajada, la ironía y la inoperancia: el júbilo del desvarío órfico. La santidad del insensato es la verdadera antinomia del honor del burgués, del honorable cerebro guardián, de la máquina-libreto con disco de moral recambiable.

El psicoanálisis es la reacción científica a esta peste putrefacta que rebaja todo simple gesto sencillo o resolución, toda elevación progresiva de la creación noble hacia el azul cenital, a un nivel de clase media, de indolencia fétida de ese temblor gelatináceo de los pantanos. Estos memos soplamocos con nauseabunda cualidad para transformarse en todas y cada una de las cosas, aunque en ninguna sola; estos represores de la singularidad resultan demasiado miserables incluso para los intereses del burgués que lloriquea en pos de su talega.

¡Ahoguémoslos en la porquería de esas obras graves suyas tan horrendas de sesenta tomos!

Yo no sólo estoy en contra del espíritu de Potsdam:[5] estoy, sobre todo, en contra del espíritu de Weimar. Efectos aún más funestos que el viejo Fritz ya fueron producidos por Goethe y Schiller: el gobierno de Ebert y Scheidemann ha sido una consecuencia natural de la inconsistencia necia y codiciosa del clasicismo de Weimar. Este clasicismo es un uniforme, es la facultad métrica de dar forma a cosas que no rayan siquiera en la vivencia. Además de la vorágine del acontecer real, los poetas graves, los socialistas de la mayoría, los demócratas, envuelven la futilidad en los rígidos pliegues de unos preceptos honrosos; metros militares se entreveran con arias de bondad y humanidad: desde el parapeto seguro que concede la posesión de un fajo de billetes o una libra de mantequilla, emerge el ideal de los necios: el segundo *Fausto* de Goethe. En él queda contenido absolutamente todo lo que no aparece en *Los bandidos* de Schiller. Igual que fueran en su día las obras de estos clásicos solemnes la única impedimenta de

---

5 Símbolo del expansionismo alemán. Federico el Grande había dicho que Prusia se había construido desde Potsdam. Desde su residencia en el Palacio Nuevo de esta ciudad, Guillermo II firmó, en julio de 1914, la declaración de guerra a Francia y Rusia.

los soldados alemanes y su única preocupación de día y de noche, así ahora al gobierno le resulta imposible manejar sus asuntos de forma distinta al espíritu de Schiller y de Goethe. La idealización de Alemania avanza, de acuerdo con todo esto, vigorosamente; la bancarrota estatal de todas las facultades vivas, celebrada por todas las musas en coro de danzas, es inevitable. El alemán, antaño tan cristiano, ha devenido en Goethe-Ebert-Schiller-Scheidemanniano: el espectro infantil del bolchevismo en busca de amparo divino le despierta ahora más bruscamente de su juego errático de propiedad y usufructo. El comunismo es el Sermón de la Montaña organizado de manera práctica, es la religión de la justicia económica, es, en definitiva, un bello desvarío. Pese a ello, el demócrata no está loco en absoluto, lo que le gusta es vivir hasta el último céntimo. La locura es en cualquier caso mejor que una razón aséptica, así pues, con todo, ¡seamos todos nosotros mismos! ¡Vivamos por nosotros mismos! ¿Qué es la democracia? La vida asimilada por el temor por el pan nuestro de cada día.

Queremos reír, reír, y hacer lo que nuestros instintos digan. No queremos democracia, ni liberalidad, despreciamos el alto coturno del consumo intelectual, no nos estremecemos ante el capital. Nosotros, para quienes el intelecto es una técnica, un recurso: NUESTRO recurso, y no un lavado de manos en aristocrático recogimiento: no aspiramos a discernir conceptos con agudeza o a humillarnos ante el conocimiento puro, sólo vemos en esto un medio de tomar conciencia para participar en el asalto a la conciencia del mundo llevados por nuestro instinto; y queremos ser amigos de quien sea azote del hombre apaciguado; amamos lo inseguro, no aspiramos al valor y al sentido que adulan a la burguesía: ¡aspiramos al desvalor y al sinsentido! Nos rebelamos contra las obligaciones para con la Weimar de Potsdam, que no han sido creadas para nosotros.

Aspiramos a crearlo todo por nosotros mismos: ¡nuestro nuevo mundo!

El dadaísmo, como única forma artística contemporánea, ha luchado por una renovación del medio de expresión y contra el ideal de formación clásica del burgués amante del orden, y contra su última estribación: el expresionismo.

¡El Club Dadá ha representado durante la guerra la internacionalidad del mundo, es un movimiento internacional y antiburgués!

¡El Club Dadá ha sido el frente de oposición contra el «obrero intelectual», contra los «intelectuales»!

¡El dadaísta está en contra del humanismo, contra la formación tradicional!

¡¡¡Está a favor de la experimentación individual!!!

13 de mayo, 1. El Dadá Supremo Internacional.

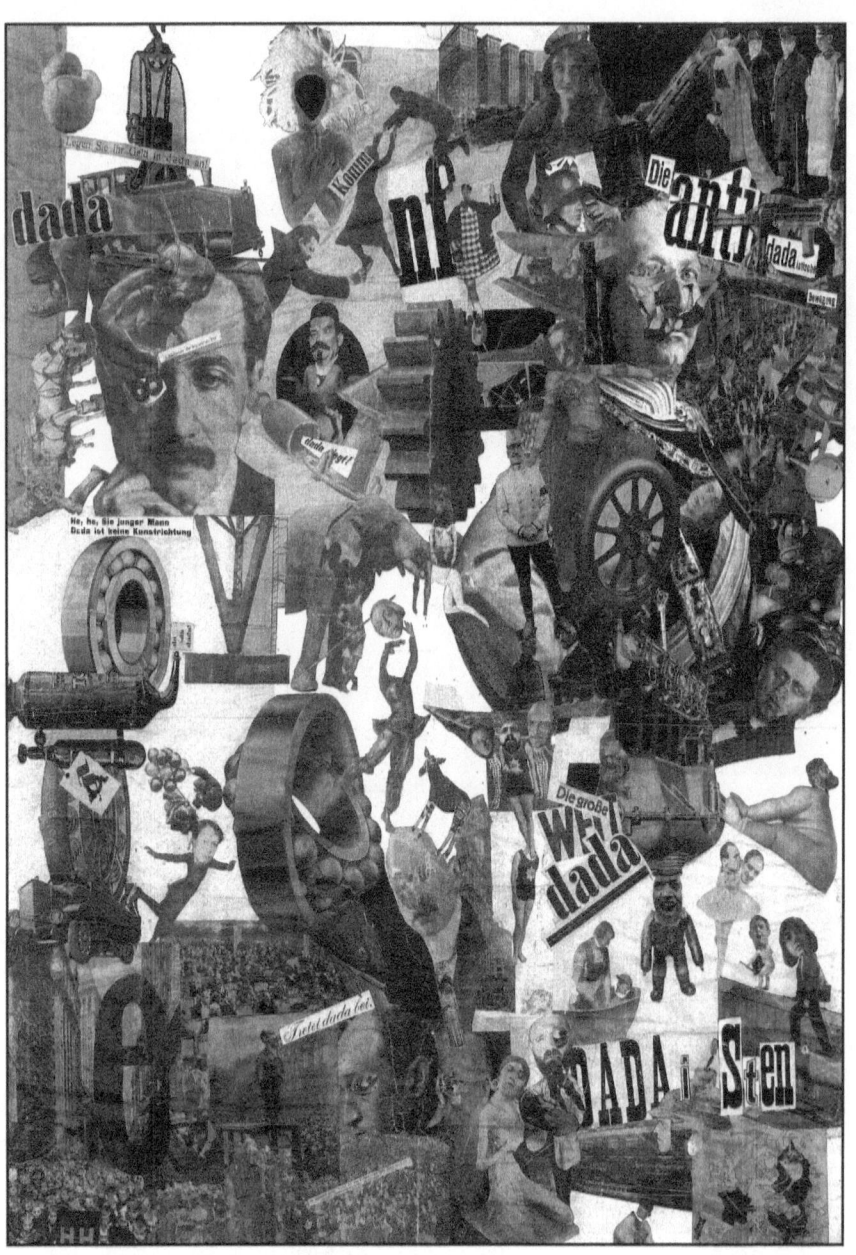

Hanna Höch, *Corte con el cuchillo de cocina*, 1919

Aliteral Deliteral Subliteral (1919)

Raoul Hausmann

Aliteral

Las raíces dentales deben extraerse con granadas de mano. Propiedad más intelecto es igual a economía de la retirada. Cuán diferente ha de ser la existencia del arribista intelectual como para afianzar el espíritu universal en su propio pensamiento. Hoy día cualquier cerdo de literato es autónomo y comunista. Comunismo de betún para los zapatos, de litro a diez céntimos, para sacarse unas buenas notas. La masa acucia a estos cobardicas que otrora hicieran la manipedicultura a la ascética. Está claro que la masa es a-intelectual. Nosotros somos anti-intelectuales. Gracias por las larvas de mosca. La masa está en movimiento, el intelectual lleva 10.000 años con el mismo budo por trasero. A la masa le importa un bledo el arte o el ingenio. A nosotros igual. Aunque sin caer por ello en una sociedad comunista de tránsito. La nuestra no es la atmósfera del regateo (la revolución alemana). La masa hace bien en destruirse (a sí misma, llevada por el instinto, y a todo lo demás). Cerramos el tenderete. Exigimos para esta tribuna de la gracia de Schiller el trabajo forzado. Queremos seguir adelante y llevar más allá el aniquilamiento de todo sentido hasta la memez absoluta. Exigimos la fabricación de ingenio y arte en las fábricas.

Deliteral

Pero desconfiad. Porque conocemos vuestras intenciones. Vuestra desbaratada nulidad ya la terminamos de vomitar anteayer. (Yo demando un órgano a la inteligencia alemana. Aunque sea un orinal). La poesía de acción es aún peor que la muerte a traición. ¿Es que nadie le ha metido todavía la sierra a este Johannes Becher vivo y entre dos tableros? Este escupe a las personas y a las cosas desde su nauseabundo hocico de poeta. Y los proletarios, callados. Y para el señor Pfempfert cualquier mamarrachada escrita con ser lo bastante boba está justificada. Yo demando la fábrica literaria. O que a los poetas alemanes desde Schiller hasta Werfel, desde Goethe hasta Hasenclever, se les meta la cabeza en el retrete.[1]

Subliteral

Guillermo II fue la encarnación del alemán pacifista. Ebert y Scheidemann son el verdadero rostro del alemán revolucionario. Sí, un trasero amodorrado con orladura de barba. (Y seguro que la masa marcha, pese a ello. Aunque quien comprenda no podrá aguantar en esa atmósfera asfixiante). También el burgués tiene sus armas, en última instancia ha superado al dadá, así que démosle ya al maldito dadá una patada (ya os surtirá él. No hay nada ya de lo que tengáis que reíros). La revolución universal comenzó el 2 de agosto de 1914. No tenemos por qué adoptar ninguna posición a favor o en contra de Versalles. Esta Paz es la segunda etapa de lo inexorable. Pero la gente

---

[1] Johannes Robert Becher (1891-1958). Poeta y crítico, representante del expresionismo y la crítica social alemana. En 1918 se afilió al Partido Comunista y se exilió en Moscú en 1933, año del advenimiento del nazismo. Volvió a Alemania en 1945 y fundó la revista *Sinn und Form*. En 1954 fue nombrado ministro de Cultura de la República Democrática Alemana. Entre sus obras destacan *Der Ringende* (1911), *Erde* (1912), *Ewing im Aufruhr* (1920) y *Maschinenrhythmen* (1926); Franz Pfempfert, fotógrafo fundador de la revista *Die Aktion*, donde colaboraba Becher; Franz Werfel (1890-1945), novelista, poeta y dramaturgo austriaco de gran fama en el periodo de entreguerras. Casado con la musa expresionista Alma Mahler, vivió en Viena hasta que la llegada al poder de los nazis le obligó a exiliarse sucesivamente en Francia, Portugal y Estados Unidos; Walter Hasenclever (1890-1940), también poeta, dramaturgo y comediógrafo expresionista nacido en Aquisgrán. Se suicidó antes de caer en manos de la Gestapo en el campamento de refugiados de Les Milles (Bocas del Ródano, Francia).

prefiere echarse a dormir, indefinidamente, durante la guerra, la paz, el trabajo o el placer, durante cualquier cosa. Eso viene del coito a oscuras. En este caso serían más importantes las velas que las gomas. Nuestro condenado Cristo dijo: observad los lirios del campo.[2] Y yo digo: observad los perros de la calle. Aunque a ellos les quede lejos la cultura trágica. (La mynonania[3] genial es, a la postre, lo que, a fuer de ley ética, pone en relación a estos mentecatos seniles con el cielo estrellado). Aunque, al diablo: a los intelectuales les gusta tender la mano para que uno les escupa encima y venga después el burgués y recolecte las monedas. Os vamos a preparar un final. Llevaremos el ímpetu comunista contra el burgués y el intelectual a la fábrica artística liquidadora del ingenio. ¿Por qué no hablaba el Manifiesto Comunista del burgués intelectual que asegura con sus heces la periferia patrimonial? Por eso el mundo sigue siendo una cloaca de lo solemne. Esto sólo se arregla con trabajos forzados a latigazos ¡Exigimos disciplina! ¡Abajo el arte libre! ¡Abajo el espíritu libre!

---

2 Del Evangelio según San Mateo, 6, 25-34: «Por eso os digo: No andéis preocupados por vuestra vida, qué comeréis, ni por vuestro cuerpo, con qué os vestiréis […] Y del vestido, ¿por qué preocuparos? Observad los lirios del campo, cómo crecen; no se fatigan ni hilan. Pero yo os digo que ni Salomón en toda su historia se vistió como uno de ellos. Pues si a la hierba del campo, que hoy es y mañana se echa al horno, Dios así la viste, ¿no lo hará mucho más con vosotros, hombres de poca fe? […]» (p. 1432).
3 Salomón Friedlander, alias *Mynona* (1871-1946). Escritor vinculado al dadá berlinés.

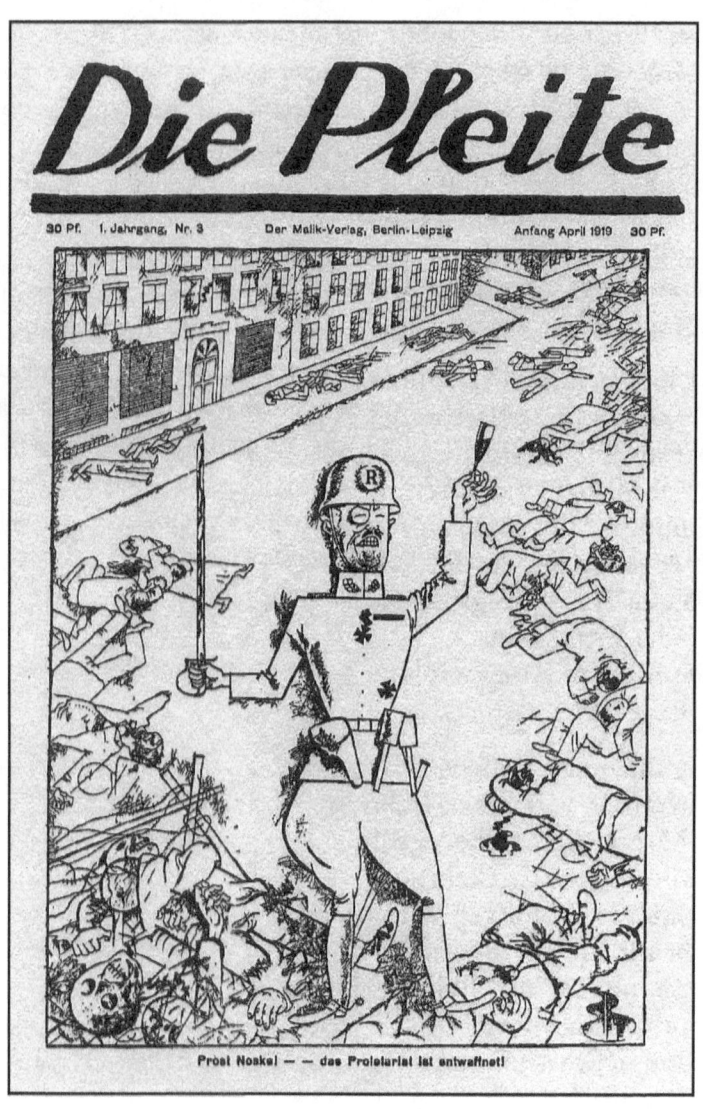

George Grosz, portada de *Die Pleite*, n° 3, 1919

Declaración dadá (1919)

Johannes Baader

Lo que se conocía hasta ahora sobre el dadaísmo está incompleto. El que quiera aprender sobre dadá, tiene que dejar que le muestren los documentos que el

miércoles 7 de mayo

a las tres de la tarde se entregaron en mano al director del NATIONALZEITUNG, Viktor Hahn. Además de los documentos que están en la Cancillería del Reich, en la oficina del presidente del Reich y, desde el 12 de mayo a las 5,30 de la tarde, en la Cancillería de la Asamblea Nacional.

El Manual del Dadaísmo Supremo es un libro elaborado a mano en un ejemplar único, de 30/45 cm. de alto y 15 cm. de grosor. Se puede ver tras pedir hora por escrito en la OFICINA CENTRAL DEL DADAÍSMO, Berlín-Steglitz, calle Zimmermann, 34. –A pesar de todo, lo más íntimo sigue siendo un secreto.– Masones y Jesuitas no son dadá.

(Las «veladas dadaístas» son sólo encubrimientos y ensoñaciones)

13 de mayo, 1. El Dadá Supremo Internacional

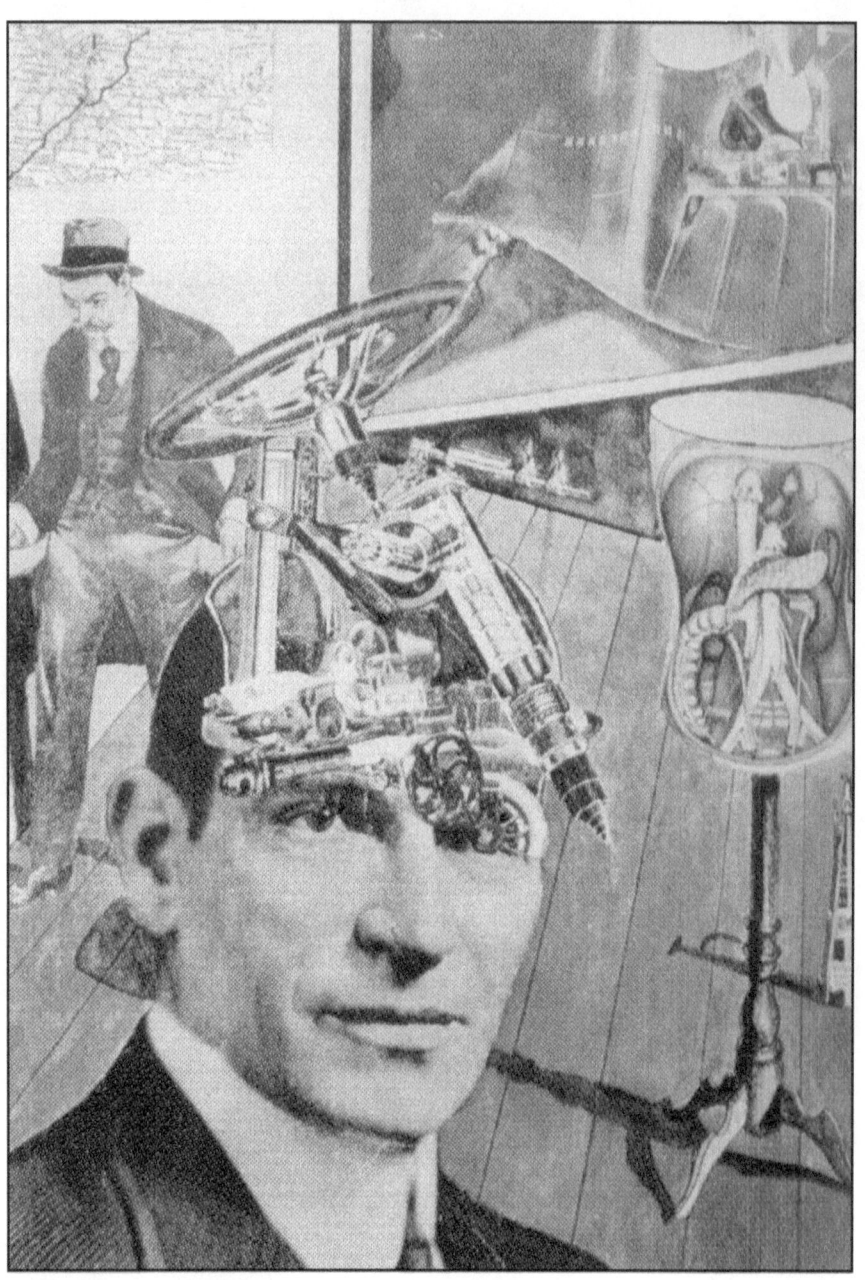

Raoul Hausmann, *Tatlin en su casa*, 1920

Venit creator spiritus ... dada (1919)

Johannes Baader

«En este Manual del Dadaísmo Supremo del que estoy leyendo aquí en voz alta, hay cosas escritas que barren de la faz de la tierra no sólo a Ebert y Scheidemann, sino también a Clémenceau y Poincaré y a los inspiradores del bueno de Lloyd George.[1] Pero tengo que renunciar a airear el velo de Sais[2] ante sus orejas, ya que ellos saben por Schiller lo que les espera.»

(Discurso del 24 de mayo) – Continuación: La sociedad alemana de 1914 se ha declarado dispuesta a citar cosmotelegráficamente en el Circo Busch en Berlín a los señores representantes de los pueblos que el 7 de mayo representaron la comedia de la firma del tratado de paz en Versalles. Allí el Dadá Supremo Internacional les ofrecerá una representación como no se ha visto igual sobre la tierra desde los tiempos del Gólgota y Jerusalén. Y el relámpago abrirá los ojos de los necios y limpiará sus sucios oídos, y se darán cuenta de que los trombones dadá en realidad son los trombones del Juicio Final. Del verdadero Juicio Final; no de la arlequinada de Versalles.

---

1 Georges Benjamin Clemenceau (1841-1929), periodista y político francés. En su calidad de jefe de gobierno, fue conocido como «padre de la victoria», tras el final de la Primera Guerra Mundial; Raymond Poincaré (1860-1934), político nacionalista francés, presidente de la República de 1913 a 1920; David Lloyd George (1863-1945), político liberal, primer ministro del Reino Unido entre 1916 y 1922. Se opuso al revanchismo y la intransigencia de Francia ante Alemania en la cuestión de las reparaciones de guerra.

2 Hace referencia a la novela inconclusa de Novalis *Die Lehrlinge zu Sais*, que trata de la historia de un hombre que, llevado de un ardiente anhelo, levanta el velo de Isis en el templo de Sais y se encuentra con que debajo había un espejo que, lógicamente, le devolvía su propia imagen.

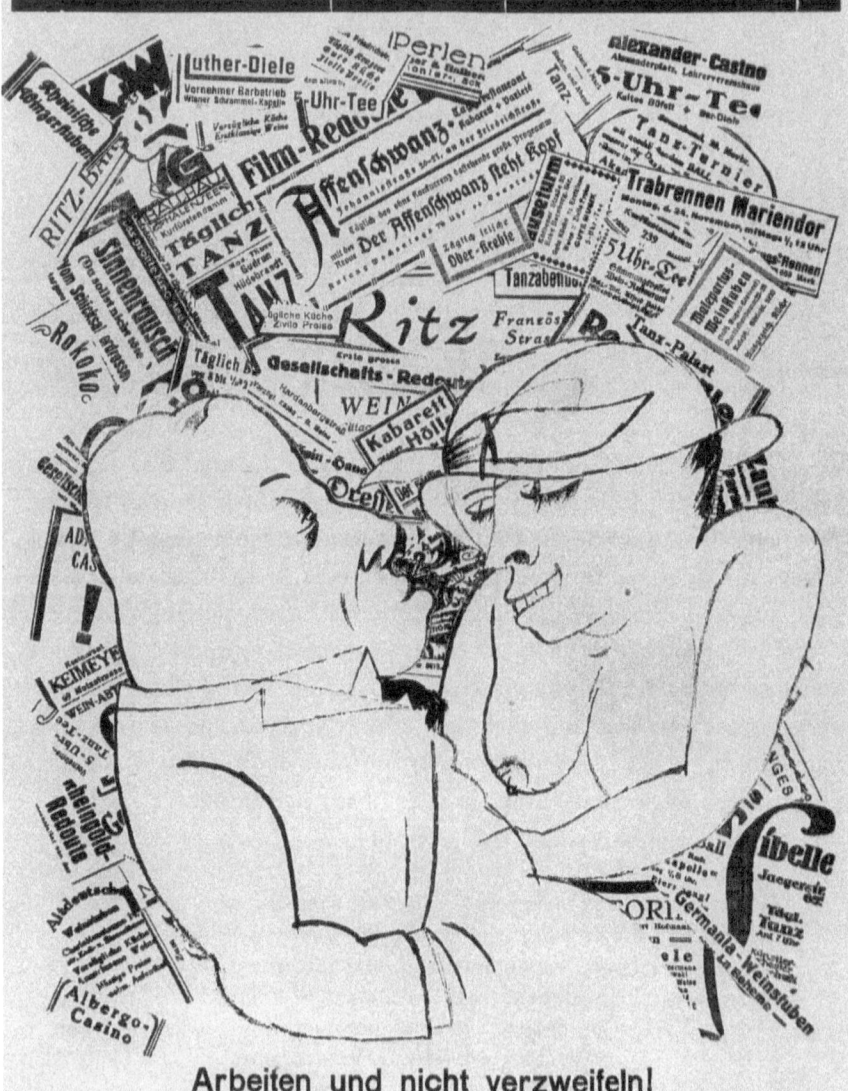

George Grosz, portada de *Der Blutige Ernst*, n°4, 1919

¡Inviertan su dinero en dadá! (1919)

Anónimo

El dadá es la única caja de ahorros que paga intereses eternamente. El chino tiene su Tao y el indio su Brahmán. El dadá es más que Tao y Brahmán. El dadá duplica sus ingresos. El dadá es el comercio clandestino secreto y protege contra la devaluación de la moneda y la desnutrición. El dadá es el empréstito de guerra de la vida eterna; el dadá es el consuelo en la muerte. Cada ciudadano tiene que tener dadá en su testamento. ¿Qué voy a descubrir yo del dadá? El dadá actúa en el cerebelo y en el cerebro de los monos tan bien como en el trasero de los hombres de Estado. El que ingresa su dinero en la Caja de Ahorros Dadá no tiene que temer ninguna confiscación, ya que quien toca el dadá, es tabú-dadá. Cada billete de cien marcos se multiplica, según la ley de la división celular, 1327 veces por minuto. El dadá es la única salvación de la esclavitud de la Entente. Las órdenes de la Caja de Ahorros Dadá tienen validez en todo el mundo. Cuando usted está muerto, dadá es su único alimento; ya los antiguos egipcios alimentaban a sus muertos con dadá. Gotama[1] pensaba que iría al Nirvana, y cuando murió no estaba en el Nirvana, sino en el dadá. El dadá flotaba sobre las aguas antes de que el amado Dios creara el mundo, y cuando dijo: «¡Hágase la luz!», no se hizo la luz sino el dadá. Y cuando comenzó el crepúsculo de los dioses el único superviviente fue el dadá. Inviertan su dinero en dadá. El dadá no depende

---

1 Gotama el Buda, llamado «El despierto», antes príncipe Siddhattha, vivió durante el Siglo V a. c. Nació en Kapilavatthu, capital de Kosala, un distrito que se extiende desde el sur del Nepal al Ganges.

de la soberanía de la Comisión Económica Interaliada.[2] Incluso el DEUTSCHE TAGESZEITUNG vive y muere con dadá. Si quieren aceptar nuestra invitación, diríjanse de noche entre las 11 y las 2 a la avenida Siegesallee, al lugar entre *Joachim* el vago y *Otto* el inmaduro y pregunten al guardia por el depósito secreto dadá. Después cojan un billete de cien marcos y péguenlo en la H dorada de *Hindenburg*[3] y griten 3 veces «dadá», la primera piano, la segunda fuerte y la tercera fortísimo. Entonces se levantará el Emperador (que no vive, como se afirma por razones tácticas en Amerongia[4] sino entre los pies de Hindenburg) del abismo por un pasillo secreto y le dará nuestro recibo diciendo dadá, dadá, dadá en voz alta. Estén atentos a que detrás del «W.II.» no ponga «I.R.»[5] sino «dadá». I.R. no lo paga la Caja de Ahorros. Además pueden ustedes ingresar sus ahorros en dadá en todas las cajas del DEUTSCHE BANK, del DARMSTÄDTER BANK y del DISKONTGESELLSCHAFT. Estos tres bancos se denominan la «D» o los bancos-dadá, y el Emperador de China y el Emperador de Japón y el nuevo Emperador Koltschak[6] de Rusia tienen su dadá

---

2   La parte VIII del Tratado de Versalles trata de las reparaciones de guerra, cuyo montante y modo de pago debía ser determinado por una Comisión Económica Interaliada, incluyendo compensaciones a víctimas civiles y prisioneros de guerra e incluso el pago de pensiones a veteranos y el mantenimiento de los ejércitos aliados.
3   Paul von Beneckendorff von Hindenburg (1847-1934). En la Primera Guerra Mundial fue nombrado mariscal gracias a su actuación en Tannenberg. Derrotó al general ruso Samsonov distribuyendo los ejércitos por medio de un sistema de trincheras que recibieron el nombre de Línea Hindenburg, casi infranqueables. Finalizada la contienda y proclamada la República de Weimar, en 1925 es elegido presidente. En este puesto permanecería hasta las elecciones de 1932, en que Hitler, su principal opositor, obtenía la victoria y era nombrado canciller en 1933.
4   Países Bajos, lugar del exilio de Guillermo II.
5   Wilhem II e Imperator Rex.
6   Alexander Vasílievich Koltschak (1874 -1920) Almirante ruso monárquico, luchó contra el Ejército Rojo. Se autonombró regente supremo de Rusia, apoyado por los aliados, pero fue más tarde traicionado por estos y derrotado por los soviéticos.

de la corte encima de cada banco (antes se les llamaba «amuleto», ahora se les llama «dadá»; en la torre de la esquina izquierda de la Iglesia de Notre Dame hay uno). Todo el saldo se reúne y, a través de Versalles, se dirige al Vaticano, donde el santo Dadá los bendice y se los empuja hacia el regazo a la santa mamá. Sí, sí, el dadá no puede ser descubierto. El dadá multiplica todo por centenas y millares. Tao y Brahmán son dadá. El dadá engendra niños y nietos. El dadá es fértil y os multiplica. Sólo el dadá es el salvador de la necesidad y el dolor. ¡Inviertan su dinero en dadá!

OFICINA CENTRAL DEL DADAÍSMO

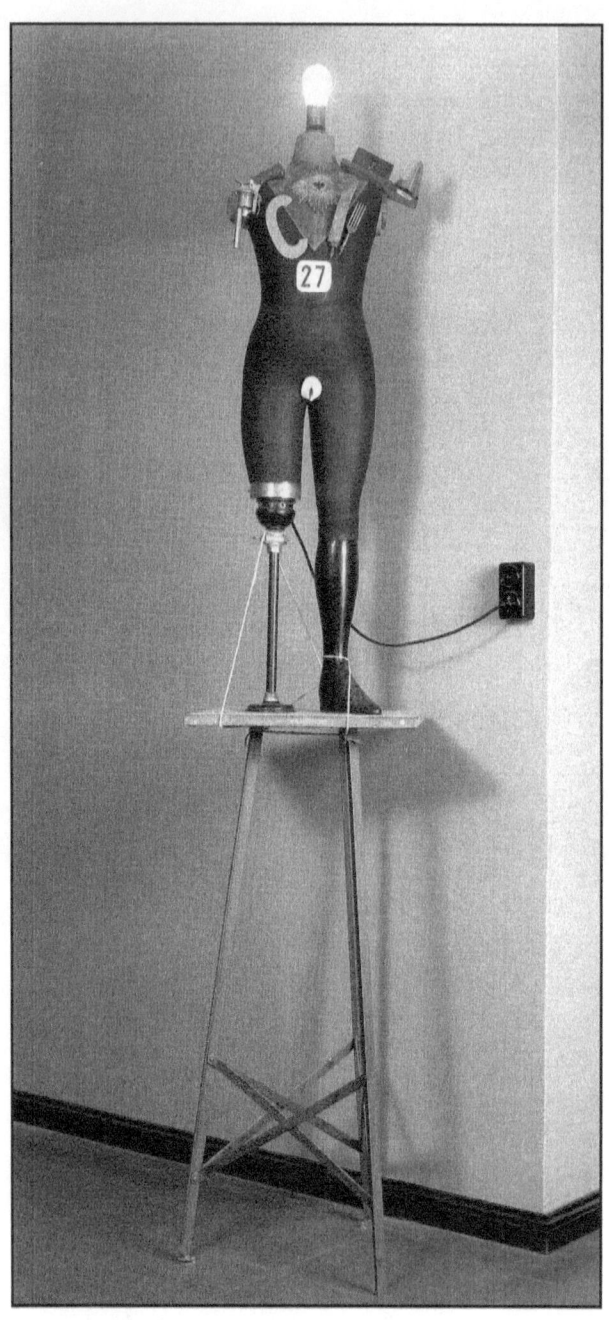

George Grosz y John Heartfield, *El pequeñoburgués Heartfield que se ha vuelto salvaje*, 1920

¿Qué es el dadaísmo y qué quiere en Alemania? (1919)

Jefim Golyscheff, Raoul Hausmann, Richard Huelsenbeck

El dadaísmo exige:
1. La unión revolucionaria internacional de todos los creadores e intelectuales del mundo entero tomando como base el comunismo radical.
2. La introducción de la ociosidad progresiva a través de una mecanización completa de todas las actividades. Sólo a través de la ociosidad el individuo tiene la posibilidad de cerciorarse de la verdad de la vida y acostumbrarse finalmente a la vivencia.
3. La expropiación inmediata de la propiedad (socialización) y la alimentación comunista de todos, así como la construcción de ciudades luminosas y ciudades-jardín, que pertenezcan a la colectividad e impulsen a los hombres hacia la libertad.

El Comité Central está a favor de:

a) La comida pública diaria de todos los creadores e intelectuales en la Postdamer Platz de Berlín.

b) El cumplimiento de clérigos y profesores con los dogmas dadaístas.

c) La lucha más encarnizada posible contra todas las tendencias de los llamados trabajadores intelectuales (Hiller, Adler), contra su aburguesamiento velado y contra el expresionismo y la formación posclásica, tal como viene representada por *Der Sturm*.

d) La instalación inmediata de una casa estatal del arte y la supresión de los conceptos de propiedad en el nuevo arte (expresionismo); el concepto de propiedad será excluido por completo del movimiento supraindividual del dadaísmo, que libera a todos los seres humanos.

e) Introducción de la poesía simultaneísta como oración comunista del Estado.

f) Habilitación de las iglesias para la representación de poemas bruitísticos, simultaneístas y dadaístas.

g) Instauración de un consejo consultivo dadaísta en toda ciudad de más de 50.000 habitantes, para una nueva configuración de la vida.

h) Realización inmediata de una gran campaña de propaganda dadaísta con 150 circos para la ilustración del proletariado.

i) Control de todas las leyes y decretos por el Comité Central Dadá de la Revolución Mundial.

j) Regulación inmediata de todas las relaciones sexuales en el sentido internacional dadaísta mediante la instalación de una central de los sexos.

El Comité Central Dadaísta Revolucionario
Grupo de Alemania: Hausmann, Huelsenbeck, Golyscheff

El pequeñoburgués alemán se enfada (1919)

Raoul Hausmann

¿Por qué? ¿Quién es el pequeñoburgués alemán que se enfada por culpa de dadá? Es el poeta alemán, el intelectual alemán, que revienta de ira porque su alma consumada en forma de bocadillo de manteca se dejó derretir al sol de la risa; que brama porque le acertaron en medio del cerebro, que en su caso se encuentra donde se sienta – ¡y ahora ya no tiene donde sentarse! No, no nos ataquen, señores míos, como enemigos ya nos basta con nosotros mismos, y sabemos darnos en el blanco mejor que ustedes. Comprendan que sus posiciones nos son totalmente indiferentes, que tenemos otras cosas de qué ocuparnos. Tan sólo muevan con toda su fuerza el tambor de su negocio intelectual, golpeen fuerte alrededor de su barriga, que un dios se apiade de los sonidos que salgan –nosotros hace tiempo que dejamos a un lado ese viejo tambor–. Nosotros cencerreamos, chillamos, maldecimos, nos reímos de la ironía:

¡Dadá! ¡Porque nosotros somos – **Antidadaístas**!

¡Nos quedamos tan frescos! ¡Ahórrense sus desollados huesos y cosan su desgarrado morro, lo han hecho todo en vano! El que no nos puedan poner contra la pared nos dignifica. Y así queremos lavarles a ustedes las tripas y presentarles el balance de sus valores solemnes.

Tras una enorme adulteración del sentimiento de vivir en abstracciones estéticas y farsas ético-morales, salió a flote en la olla europea de salchichas el expresionismo de los patriotas alemanes, que fabricó un pequeño y provechoso negocio de guerra, en medio de un interminablemente henchido entusiasmo, a partir de un movimiento respetable que había partido de franceses, rusos e italianos. El organillo de la poesía, la pintura y la música puras se tocó en Alemania con una muy sólida base económica. Pero esta reunión pseudo-teosófica-germánica para tomar el té, que obtuvo incluso el reconocimiento de los terratenientes de Prusia Oriental, nos debe ser aquí indiferente, lo mismo que las maquinaciones comerciales del Sr. Walden, el cual, como típico pequeñoburgués alemán, piensa que debe adornar sus transacciones con un altisonante abrigo budista. Su genio en los negocios es digno de respeto, pero su estética y su prusianismo artístico que vuelvan al lugar de donde han venido, al despacho del picapleitos. Si Walden y su escuela de poetas fueran mínimamente revolucionarios, tendrían que entender en primer lugar que el arte no puede volver estéticamente armónicas las ideas burguesas sobre la propiedad.

¡Oh, mis señores pequeñoburgueses!, ¿ustedes afirman que el arte está en peligro? Sí, ¿no saben ustedes entonces que el arte es una bonita forma femenina, sin ropa, que cuenta con que la lleven a la cama sin incitar a ello? No, señores míos, el arte no está en peligro, ya que ¡el arte ya no existe! Está muerto. Representaba el desarrollo de todas las cosas, envolvía con belleza hasta la nariz de tubérculo y los labios de cerdo de Sebastian Müller. Era un bonito reflejo que partía de un sentimiento de vivir soleado y alegre. ¡Pero ya no hay nada que nos eleve, nada! Abandonen ya el romanticismo de género, mis señores poetas, ya no nos gusta; mejor muestren sus barrigas tatuadas, escupan palabras, chapoteen con geometría en colores y llámenlo arte abstracto. Nos da tan igual como sus equilibrismos alrededor del expresionismo. **La absoluta incapacidad** de decir algo, de captar una cosa, de jugar con ella, **eso es el expresionismo**, una «compresa Prießnitz»[1] intelectual para vísceras podridas, una gelatina podrida desde el principio, que causaba solemnes retortijones de barriga. El pequeñoburgués que escribe o pinta se podía sentir como un santo durante este proceso, por fin se expandía, en cierto modo, más allá de sí mismo, hacia un espacio indeterminado, hacia un mundo bienaven-

---

1 Vincenz Prießnitz (1799-1851), naturópata autodidacta, conocido como «el médico del agua» por sus modos de curar mediante agua fría. Se curó a sí mismo dos vértebras rotas mediante la aplicación de una compresa sumergida previamente en agua fría y sujeta con vendas.

turado. ¡Oh, expresionismo, tú, la otra cara de la esencia mentirosa del Romanticismo! Sin embargo, esta farsa no se hizo insoportable hasta que no aparecieron los activistas que querían acercar al pueblo el espíritu y el arte que ellos veían en el expresionismo. De aquellos idiotas, que habían intentado leer a Tolstoi y naturalmente no habían entendido nada, se desprendía ahora una ética a la que no podía uno acercarse sino con la nariz tapada. Eran unos tontorrones incapaces de hacer política, y ahora pretendían haber descubierto una especie de mermelada eternista, que encima querían propagar entre el proletariado. Pero, disculpen, este no es tan tonto como para no reparar en el ruido superficial encerrado en aquella vacuidad. Para el proletariado, el arte es algo que proviene del burgués; y nos volvemos antidadaístas si cualquiera de nuestro grupo intenta montar aún algo bello, estético, aunque sea un mínimo sentimiento de bienestar bien definido, tal y como hace, por ejemplo, el arte abstracto. Pisoteamos ese pastelillo jugoso. Hoy día, el mundo no tiene para nosotros un sentido más profundo que el del más incomprensible sinsentido, no queremos saber nada del arte ni del espíritu. La ciencia es estúpida, lo más probable es que el sol siga girando alrededor de la Tierra. No propagamos ética alguna, pues esta siempre permanece en el terreno de lo ideal (una patraña); pero no por ello vamos a soportar al burgués, quien ha colgado su talega llena de dinero por encima de las posibilidades de existencia del ser humano igual que Geßler[2] ha colgado su sombrero. Nosotros deseamos ordenar racionalmente la economía y la sexualidad, pero pasamos de la cultura, una cosa inasible. Deseamos su fin, y con ello el fin del pequeño-poeta, del fabricante de ideales (que no eran más que sus excrementos). Deseamos que el mundo se mueva y pueda ser movido, desasosiego en lugar de sosiego. ¡Fuera las poltronas, fuera los sentimientos y los gestos nobles! Y somos antidadaístas porque para nosotros el dadaísta posee todavía demasiado sentimiento y demasiada estética. Tenemos derecho a todo tipo de diversión, ya sea con palabras, formas, colores o ruidos; eso sí, esto

---

2 Personaje de *Guillermo Tell*.

no es más que una chorrada impresionante, que nosotros amamos y llevamos a cabo conscientemente... una monstruosa ironía, como la vida misma: ¡¡la técnica exacta del sinsentido, definitivamente descubierto, como sentido del mundo!!

¡Abajo el pequeño burgués alemán!

Afiliaos al dadá (1919)

Anónimo

Hasta ahora, el dadá se ha resistido a aceptar miembros. Sin embargo, obedeciendo a la urgencia de nuestro tiempo nacida de la agitación de la gran ciudad, no podemos sustraernos más a la poderosa gravedad de la situación que dio origen a nuestro movimiento, y apremiantemente se ha elevado ante nosotros la idea de dar consuelo al vacilante, y amparo al inconsistente en el seno de la sociedad dadaísta. Hace pocas semanas se pudo extraer de lo escrito en el *Berliner Tageblatt* que los intelectos más iluminados del extranjero habían presentado ante la opinión pública el propósito de abrir el camino para poner las bases de una alianza con los intelectos más iluminados del país en dirección a la conciliación de las naciones sobre una base activista-intelectual. Nosotros no podemos dar por buena esta empresa. Pues, ¿a qué lleva ello en el mejor de los casos de la realidad activa, como así podemos poner en evidencia irrebatiblemente con todos los ejemplos legados por la historia histórica?: el espíritu dadaísta surge de un modo distinto. Nosotros conjuramos al individuo merced a la forma serena del obrar discreto que, de boca en boca y de cuerpo en cuerpo, arremolina electro-magnéticamente a los seres humanos en torno al polo de la rotación social y de esta suerte les procura la oportunidad de equilibrar las resistencias que hacen de la vida una brasa infernal; en suma, que pone en primer término lo elemental y que diluye lo inaccesible de manera completamente automática por medio de la perspectiva de las relaciones anatómicas. Por tal razón hemos determinado fundar sobre el asiento del *Club dadá esotérico*, un Club dadá exotérico de filiación social que se reúna dos veces al mes sin orden fijo al objeto de proporcionar a la estructura dadaísta de la capital imperial una consistencia más vital. Este club exotérico abre los brazos a miembros procedentes de todos los estamentos de la sociedad; cualquier persona adulta mayor de 16 años puede participar en sus actividades internas. Con este fin habrá de adquirir una *acreditación de miembro* que está a la venta en librerías y que igualmente puede solicitarse por escrito en la sede central de los dadaístas sita en Charlottenburg, calle de Kant, núm. 118, donde le será facilitada la información sobre las ventajas asociadas a la adquisición de la acreditación de miembro, a saber: *10, 20 y 30 % de descuento* sobre todas las publicaciones dadaístas; *10, 20 y 30 %* para todas las actividades del Club que no sean públicas; acceso a las dependencias del Club; precios preferentes para el uso del *Instituto Grafológico Dadá*; del *Departamento Médico Dadá*; de la *Agencia de Detectives Dadá*; de la sección publicitaria; de la *Sede Central para la Atención Privada Masculina y Femenina*; de la Escuela-Dadá para la Renovación de las Relaciones Vitales Psicoterapéuticas entre hijos y padres, cónyuges y afines que lo fueran o que se propongan serlo. Y es imposible hacer relación de todas las ventajas que conlleva la adquisición de nuestra acreditación de miembro. Que nadie deje de aprovechar esta ventaja y se afilie lo antes posible al dadá. Que la ventaja sea de un diez por ciento, un veinte por ciento, o un cincuenta por ciento debe determinarlo cada uno por sí mismo. Ponemos a disposición cupones de 10, 20 y 50 marcos que tiene validez por un año, comenzando a contar a partir del 1 de enero del *año B* según el calendario dadaísta, que comienza dentro de cuatro semanas. El *amarillo* es el color del cupón de 10 marcos, *rojo*, el del cupón de 20 marcos, y *verde*, el del cupón de 50 marcos. Los cupones son válidos únicamente si portan la firma personal de uno de los seis miembros fundacionales del dadá (Baader, Grosz, Hausmann, Heartfield, Huelsenbeck, Mehring). *Dadás de honor* sólo pueden ser admitidos contra una aportación mínima anual de 100 marcos. Aparte de esta no existe otra limitación para ingresar en el

Club Dadá

Publicidad para mí (1919)

Johannes Baader

(exclusivamente comercial)
Hindendorf, Ludenburg[1] no son nombres históricos. Sólo hay un nombre histórico: Baader. Esos señores que cuelgan de los hilos de marioneta de la eternidad que yo muevo, olvidan que se perdió la guerra porque en Alemania querían ser más listos que el Presidente del Universo. En enero de 1914 ya declaré de manera totalmente inequívoca y precisa que Alemania era la sede del universo; demostré esta declaración con los más profundos pensamientos cósmicos y la suscribí con el más mágico de todos los nombres, de manera que ninguna persona sensata pudiera pasar por alto que aquí se estaba dando el ultimátum definitivo, cuya falta de respuesta llevaría necesariamente a la catástrofe de Sarajevo.[2] Todavía el 23 de julio de 1914 había tiempo de concederle la palabra al Presidente del Universo, a través de la cesión de la estación de radio de Nauen, para vencer la nube amenazadora. Sólo el gobierno del mundo responsable constitucionalmente aclaró al Presidente la necesidad de desistir, y de esta manera pudo ser ordenada sin impedimentos la movilización. El 12 de septiembre de 1914[3] se destruyó la ilusión de la victoria sobre Francia. El gobierno

---

1   Baader juega intercambiando las últimas sílabas de Hindenburg y Ludendorff. Erich von Ludendorff, (1865-1937), general durante la I Guerra Mundial, colaborador de Hindenburg en la Batalla de Tannenberg.
2   Acontecimiento detonante de la Primera Guerra mundial. El 28 de junio de 1914, un estudiante serbio asesinó en Sarajevo a los herederos del trono austrohúngaro, el archiduque Francisco Fernando y la duquesa Sofía.
3   Fecha de la 1ª batalla del Marne, donde la contraofensiva francesa hizo retirarse del río Marne al Somme a las tropas alemanas que amenazaban París.

hizo encarcelar al Presidente del Mundo mediante órganos subordinados de los municipios, sólo que fue en vano, ya que el 11 de octubre fue puesto en libertad de nuevo; la proclamación de la verdad tuvo lugar demasiado tarde. El Papa Benedicto XV no se decidió a recorrer los países en guerra, por lo que todos sus intentos de paz resultaron un fracaso, y ocurrió lo que predijo el americano *Russell* en Brooklyn:[4] el Papado se ha desprestigiado, la prensa recoge sus proclamas sólo en segunda página en misceláneas. Yo quería hacer llegar una tabla de salvación a los acosados Hindendorf y Ludenburg a finales de 1916. Le dije al Emperador: «convoque en navidades de 1916 a los pueblos del mundo ante el sillón de juez del Presidente del Universo en el Palacio Real de Stuttgart.» Pero el Emperador, que aún padecía de la idea paranoica de que el Presidente del Mundo era él, rechazó mi propuesta y apareció con su propio plan de paz, lo cual constituyó un gran error. Me fui en ese momento directamente al frente de Flandes, me coloqué a la cabeza de las tropas, pero la retaguardia se volvió contra mí. Me llevaron al Palacio de Justicia de la Cuarta Inspección del Ejército en Gante, me internaron en el cuartel Emperador Guillermo, con las consecuencias ya conocidas. Czernin[5] escribió en Viena su informe secreto al Emperador Carlos: el informe fue a parar a manos de la Entente; se pidió a Wilson[6] que aclarara al pueblo

---

4   Puede referirse a Charles Taze Russell, (1852-1916), fundador de la Asociación de los Estudiantes de la Biblia, lo que hoy en día se conoce como los Testigos de Jehová. Brooklin era el lugar de publicación de la revista *Bible Examiner* de George Store, muy influyente sobre Russell.
5   Ottokar Theobald Otto Maria Graf Czernin von und zu Chudenitz (1872-1932), aristócrata bohemio, embajador de Austria-Hungría en Rumanía. Consiguió mantener la neutralidad de ese país en la I Guerra mundial durante el reinado de Carlos I de Hohenzollern-Sigmaringen (1839-1914), primer Rey de Rumanía, emparentado con la dinastía reinante en Alemania. A Carlos II le sucedió su sobrino Fernando II, que finalmente intervino en la contienda contra Austria-Hungría.
6   Thomas Woodrow Wilson (1856-1924), 28° presidente de Estados Unidos, entre 1912 y 1920. Llevó a cabo una política neutral en la Gran Guerra hasta 1917. Su entrada en el bando aliado fue decisiva para la derrota de Alemania.

alemán que el presidente de América se ocupaba de su bienestar y que todo esfuerzo adicional en Alemania estaba de más. En vano visité Kreuznach[7] el 19 de septiembre del 17. Hindendorf y Ludenburg me aclararon, ambos al mismo tiempo, que mis activos espirituales eran del todo inofensivos y siguieron ofreciendo todas las garantías de victoria. Contra tal cegazón ya no se podía hacer nada. Por eso me pasé al dadaísmo en primavera de 1918. Me nombraron Dadá Supremo. Pero en vez de volver a la sensatez el 9 de noviembre[8] y, ahora que el camino estaba libre, acomodarme en el entonces palacio del Emperador y nombrarme Dictador del Proletariado, Liebknecht rechazó la Presidencia alemana que le había ofrecido Adolf Hoffmann[9] en el balcón del palacio. El 17 de noviembre intenté una última aclaración del estado de la cuestión en la Catedral: Adolf Hoffmann, que pertenecía en aquel entonces al Ministerio de Cultura, en cuyo ámbito de responsabilidad se inscribía el asunto, me abandonó, y de esta manera fueron asesinados Karl Liebknecht y Rosa Luxemburg el 15 de enero en el Hotel Edén. Después se sucedieron los golpes. El 7 de mayo se firmó el tratado de paz en Versalles, después de que el 19 de abril entregara en vano personalmente mi carta en el Ministerio y demostrase que estaba vivo, a pesar de que la prensa me había declarado muerto. Pero de nuevo mi intervención fue en vano. Scheidemann y Ebert lo sabían todo mejor, hasta el 28 de junio. Pero entretanto había aparecido nuestro *Dadá 1*, habíamos suprimido el viejo calendario y, con el año A = 1, habíamos iniciado el nuevo calendario de la verdadera paz mundial. A la misma hora en que se estaba firmando en Versalles el tratado de paz entregué al público el *Libro del Juicio Final* (el libro *HADO*) en Berlín e hice proclamar la Presidencia del Universo el 16 de julio en el pleno de la Asamblea Nacional en Weimar:

---

7   Lugar de recreo en Renania-Palatinado.
8   Fecha de abdicación de Guillermo II.
9   Adolf Hoffmann, desde 1918 ministro de Cultura del SPD, famoso por su política cultural anticlerical, pretendía eliminar las instituciones religiosas, por lo que católicos y protestantes se le opusieron decididamente.

El Presidente del Globo Terráqueo está sentado sobre la silla del caballo blanco dadá

Cuando, más tarde, comenzó la farsa de la comisión de investigación y los activistas de la derecha exaltaban a Hindendorf y Ludenburg, subí a la tribuna, abrí el *Pupitre del profesor Hagendorf*[10] y me reí del socialismo, el comunismo y el nacionalismo alemán, incluyendo la defensa de los habitantes de Charlottenburg. Y donde todas las medidas empleadas hasta entonces no habían conseguido nada, este medio sí que tuvo su impacto. Cumplió de manera brillante con todo lo que el profesor debe exigir de los alumnos al leer. El uso obligatorio del pupitre se impuso en todas las escuelas de la República Prusiana, de la República Alemana, de la Federación de Pueblos y de las salvajes comunidades de estados de los alrededores. A raíz de esta medida, el Presidente, que estaba implicado porcentualmente en las ventas, se volvió capitalista a gran escala. Pudo llevar a cabo con la más sólida base la propaganda para la Dictadura de la Inteligencia con ilimitados medios capitalistas. De esta manera el capitalismo se hundió a sí mismo. Un novísimo orden mundial se alzó, y verdaderamente, el año 1 fue el primer año de paz mundial, y esto se lo tiene que agradecer el mundo sólo al pupitre del profesor Hagendorf y al escritor de esto, el Dadá Supremo, Presidente del Globo Terráqueo y Mundial, Director del Juicio Final, verdadero Presidente Secreto de la Federación de Pueblos Intertelúrica, Dadaística Suprema en el DADACO. (DADACO es el atlas mundial dadaísta, editorial Kurt Wolf, Múnich. El resto se ruega consultarlo en el DADACO).

Presidente Baader, venta exclusiva del pupitre del profesor Hagendorf. Steglitz, Berlín y Werder a. H.

---

10 Pupitre plegable que Baader vendía como representante.

Un fusil cargado de altruismo (1919-1920)

Raoul Hausmann

Un fusil es un objeto precioso. Con ese cañón reluciente, esa bella culata, y hasta se le puede ensamblar una bayoneta. Y si no, se le meten cartuchos, unas cosas diminutas que estallan con auténtico fuste. Un fusil tiene siempre (al menos si se trata de uno militar) un portador a su altura, y ya anuncia por sí mismo que es un objeto noble. En otras palabras, ya debe saber Vd. que, naturalmente, el ejército existe sólo para la expiación de la humanidad y la gloria de Dios. Los hombres a los que les es dado emplear tales objetos en la lucha contra el mal en el mundo toman por nombre, por lo común, Runge, o los oficiales Vogel, Marlon o Kessel... Entre los oficiales, la nómina al uso puede ser incluso mayor.

Pues bien, es indudable que no hay demasiada analogía entre la tierra y el cielo, y de acuerdo con ello, aquellas personas contadas que no saben vivir decentemente y que no se adaptan a nuestras difíciles condiciones se les va a conminar, por puro amor al prójimo, con ayuda de una cosilla como esa, con un fusil, a pasar, por su bien, a mejor vida incluso en el más allá. Se hacen llamar, por lo común, Liebknecht o Luxemburg, esto si son judíos (lo cual viene a contradecir felizmente el supuesto odio antisemita de los nacional-alemanes), o decimos llanamente: veinticinco espartaquistas, o veintinueve marineros en fuga: al Reino de los Cielos.

Así y todo, un fusil como este cargado de altruismo sólo puede provenir de una instancia legítima, al caso: un gobierno, un coronel o un teniente. Otras instancias no están legitimadas para ello, y si armas de esas parecieran, por lo común, bolcheviques y maliciosas, entonces estaríamos hablando de un crimen. Pues las cosas son de tal modo que en la Tierra debe prevalecer el orden. Lo que es el orden sólo lo conoce aquel gobierno fundado en la Constitución y en la Ley, cuyos soldados y armas han sido consagrados a Dios por miles de sacerdotes. Todo lo demás está al margen de la ley. De ahí que se le venga a calificar como revuelta o como Guardia Roja.¹ Algo del estilo es absolutamente vulgar, no tiene nada que ver con el altruismo y se complace con el asesinato de niños inocentes. Piensen ustedes sólo en el infanticidio de Belén. Esto también fue cosa de Espartaco. Y, por cierto, con esto viene a colación una cuestión: ¿habrían de estar tan completamente equivocadas las afirmaciones extranjeras acerca de las atrocidades alemanas durante la guerra? Sabemos, antes al contrario, que hay malas personas que se han disfrazado de soldados y han cometido obscenidades y, como ahora queda claro, no eran otra cosa que agentes de Espartaco: de ello debiera darse cuenta públicamente. ¿A guisa de qué aparecen si no, por ejemplo, en los carteles de la liga antibolchevique: «Ciudadanos, proteged a vuestras mujeres y niños»? Pues simple y llanamente porque la violación de mujeres y niños obedece a las prácticas de estas bestias con apariencia humana, de estos espartaquistas. No, señor, las potencias occidentales, debidamente aconsejadas, comprenderán pronto que el militarismo alemán es una institución plenamente evangélica. Y una vez lo hayan hecho, concertarán con nosotros una alianza para combatir juntos el bolchevismo.

Sí, una explicación en condiciones lo hace todo. Corresponde ahora decir, en consecuencia, que el gobierno, que vela sobremanera por el bien, incluso de los malvados, ha dispuesto por la gracia de numerosos sacerdotes una serie de experimentos para obtener noticias vía espiritual sobre la situación de los enviados al Reino de los Cielos. Estos experimentos han resultado exitosos: a Liebknecht, Luxemburg y Jogisches así como a Landauer² se les haría decir que están muy agrade-

---

1 Organización de trabajadores rusa activa a partir de la primavera de 1917.
2 Leo Jogisches (1867-1919), uno de los fundadores del Partido Socialdemócrata Polaco, arrestado y asesinado por la policía tras la muerte de Liebknecht y Luxemburg; Gustav Landauer (1870-1919), teórico del anarquismo y traductor de Shakespeare. Arrestado y asesinado tras la Revolución de Baviera.

cidos a Scheidemann por haber invertido tanto dinero en su sanación, pues estos se habrían curado por completo en el cielo. Reconocerían lo erróneo de todas sus opiniones anteriores y se retractarían de ellas. Noske[3] sería en el cielo el hombre más popular, más incluso que, por poner un ejemplo, Hindenburg. Además, a Liebknecht se le haría insistir en que el gobierno debería enviar al cielo un contingente todavía mayor de comunistas vía fusil para que estos no ocasionen trastornos en la Tierra por causa de su heretismo, y puedan ser definitivamente redimidos en el Cielo. Claro, así el gobierno no podría hacer oídos sordos a este último ruego, porque, primero, nada le agradaría que unos inocentes fueran a parar al infierno simplemente por negligencia; y segundo: ¿para qué si no tantos miles de fusiles?

Es preciso dar siempre publicidad al cielo. Es que es, sencillamente, ideal: y además, los criminales lo tienen gratis. Un fusil así, cargado de altruismo, no hace mal a nadie.

---

3 Gustav Noske (1868-1946), político socialdemócrata miembro del gobierno de Scheidemann. Reprimió la revuelta de los marinos de Kiel en 1918. Como gobernador de Berlín (1919), aplastó la sublevación espartaquista con sus *Freikorps*. Posteriormente fue ministro de Defensa (1919-1920), distinguido en la represión de los revolucionarios de Sajonia, y presidente de Hannover (1920-1922).

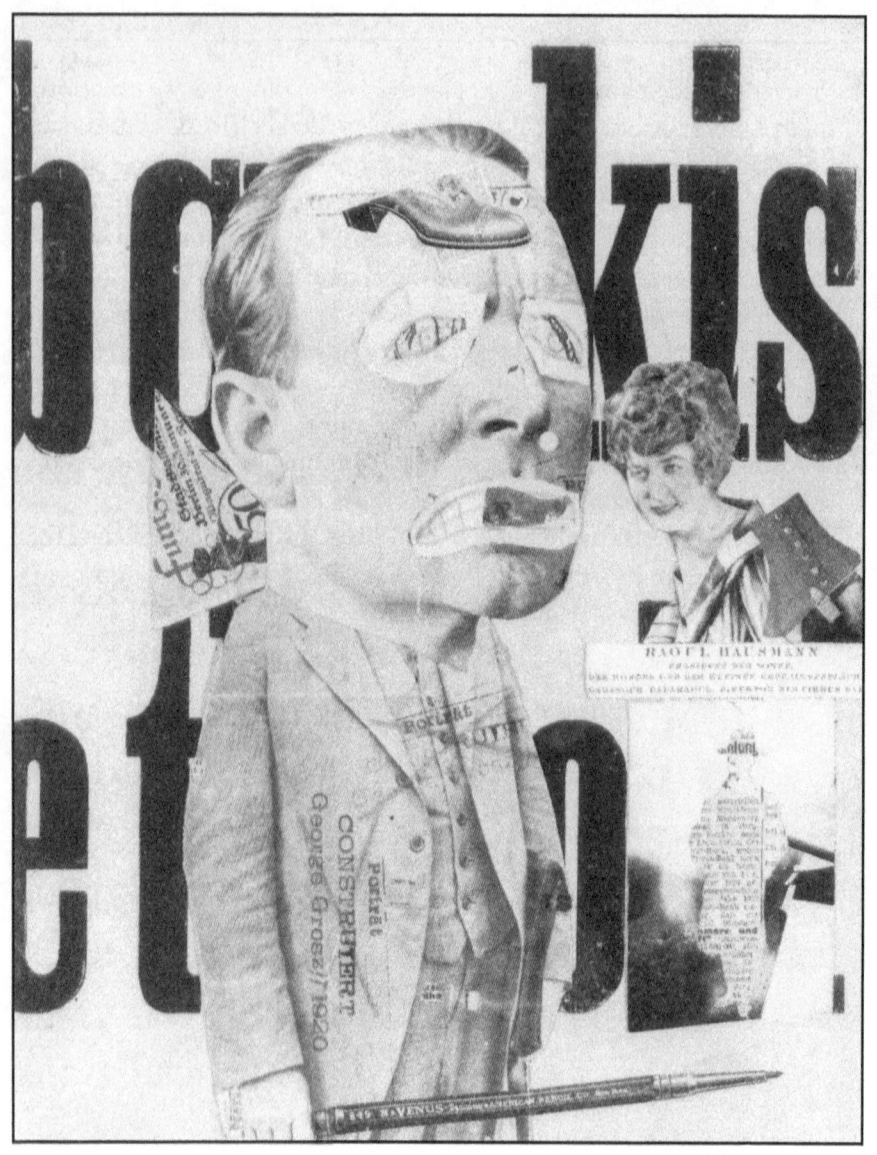

Raoul Hausmann, *El crítico de arte*, 1920

Giras dadá (1920)

Richard Huelsenbeck

En Alemania, el dadá ha cosechado los mayores éxitos. Nosotros, los dadaístas, formamos muy pronto una compañía que se convirtió en el terror de la población; a ella pertenecían, aparte de mí, los señores Raoul Hausmann, George Grosz, John Heartfield, Wieland Herzfelde, Walter Mehring y un tal Baader. En el año 1919, varias tardes montamos espectáculos en Berlín; y, a principios de diciembre, dimos dos sesiones matinales de domingo en el Instituto de Hipocresía Socialista, el «Tribüne»,[1] sin tener que pagar los costes. Estas sesiones lograron llenar la caja, y también obtuvieron el reconocimiento, si bien no muy voluntario y un tanto pesaroso, de un crítico, Alfred Kerr (muy conocido y reconocido siglos ha, pero en la actualidad absolutamente inválido y arterioesclerótico), que escribió un artículo para el periódico *Berliner Tageblatt*. Junto con Hausmann, el dadásofo, al cual yo me sentía muy apegado por su desinteresada inteligencia, y con el ya varias veces mencionado Baader emprendí, en febrero de 1920, una gira-dadá, que comenzó el día veinticuatro de ese mes en Leipzig con una representación en el Teatro Central ante cerca de dos mil personas. En ella actuamos con nuestro infinito ruido (*bruit*), perturbando gravemente a este viejo y caduco globo nuestro. Comenzamos en Leipzig partiendo de la idea, correcta, de que todos los alemanes son sajones; y con eso, creo, está todo dicho. Después fuimos a Bohemia, a Tepliz-Schönau, y allí, el veintiséis de febrero,

---

1 Teatro privado berlinés. Se inauguró en 1919 como escenario político-expresionista y obtuvo su primer gran éxito con el estreno de *Die Wandlung* [La transformación], de Ernst Toller.

salimos a escena ante un público de locos y curiosos. Esa misma tarde cogimos una borrachera tremenda después de haber nombrado, en nuestro último atisbo de sobriedad, al habitante más inteligente de Teplitz, el Dr. D. Hugo Dux, Dadaísta Supremo de Checoslovaquia. Baader, que tiene ya casi cincuenta años y, por lo que sé, debe de ser abuelo, se fue luego al lupanar «Zur Hummel» para saciar allí sus apetitos carnales y culinarios. En ese lugar concibió un plan criminal que, según sus cálculos, el día uno de marzo podría costarnos la vida en Praga. Ese día íbamos a montar entre los tres un espectáculo en el edificio de la Bolsa de esa ciudad, lugar que tiene un aforo de casi veinticinco mil personas; pero en Praga la situación era muy particular. Los checos querían darnos una paliza porque, por desgracia, éramos alemanes; a los alemanes, por su parte, se les había metido en la cabeza que éramos bolcheviques; y, por último, los socialistas nos amenazaban con la muerte y la destrucción, pues nos tenían por unos reaccionarios lascivos. Desde semanas antes de nuestra llegada, los periódicos estuvieron publicando un inmenso anuncio dadá, por lo que las expectativas habían subido hasta niveles insospechados. ¡Todo el mundo pensaba que iban a llover vacas vivas! Podíamos caminar sólo por calles acordonadas; a nuestro paso se oía cómo la gente vociferaba rítmicamente «dadá» y, en las redacciones, nos mostraban solícitamente los revólveres con los que barajaban la posibilidad de dispararnos la tarde del uno de marzo. Todo esto supuso una conmoción demasiado violenta para Baader. Este pobre pietista se había imaginado un final muy distinto para la gira dadá: esperaba regresar junto a su mujer y sus niños con un poco de dinero en la talega, para poder vivir de sus ahorritos gracias al dadá y, con la satisfacción del deber cumplido, tener dulces sueños con sus heroicidades mientras fumaba una pipa de sucedáneo de tabaco marca Germania.

Por el contrario, dada la situación parecía que iba a tener que abandonar esta vida que le era tan cara, que su trayectoria poética podía concluir en alguna morgue praguense; así que si su primo, el antiguo dios de los judíos, con el que se había hermanado tantas veces, le protegía de la disolución de su pseudobardesca personalidad, estaba dispuesto, en su pánico, a aceptar cualquier cosa, a soportar cualquier ignominia. Dum vita superest, bene est.[2] El espectáculo en el edificio de la Bolsa debía comenzar a las ocho. A las siete y media aproximadamente le pregunté a Hausmann por Baader. «Me ha dejado una nota diciendo que tenía que ir otra vez a Correos», me responde aquel. En definitiva, Baader nos abandonó haciéndonos creer hasta el final que volvería, para impedirnos que cambiáramos el programa y exponernos así con toda seguridad a la ira del público. Toda la ciudad estaba agitada. En las entradas de la Bolsa se agolpaban miles de personas. Muchos se habían apostado ya colgándose de los marcos de las ventanas, otros se sentaban encima de los pianos, todos vociferando y aullando como locos. Hausmann y yo nos hallábamos, bastante alterados, en una habitación contigua que se había dispuesto para acomodar a los artistas y en la que comenzaba a vibrar todo. Dieron las ocho y veinte... y Baader sin aparecer. Hasta ese momento no nos dimos cuenta de lo que pasaba. Entonces, Hausmann recordó haber visto entre sus ropas una carta dirigida «A la atención de Hausmann y Huelsenbeck». Ahí comprendimos que Baader nos había plantado y que esta vez tendríamos que hacer nuestros truquitos nosotros solos, saliese aquello como saliese. La situación no podía ser más desfavorable: a escena (una elevación hecha con maderas) sólo podíamos salir atravesando la densa masa que formaba el público... y Baader se había largado con la mitad del manuscrito. ¡Era el momento, hic Rhodus![3] Respetabilísimo público presente, con la ayuda de Dios y de nuestra experiencia, aquel uno de marzo en Praga supuso un gran

---

2 De Séneca, *Epistolae Morae*, L. XVII-XVIII.
3 «Hic Rhodus, hic salta» [Tú, el de Rodas, ven aquí y salta], de una fábula de Esopo. Se refiere a la fanfarronería de un rodense respecto a sus habilidades atléticas y destaca, como moraleja, el valor de los hechos frente a las palabras vacías. Marx recoge la cita en *El dieciocho de Brumario de Louis Bonaparte*, cap. I: «[...] Las revoluciones proletarias como las del siglo XIX, se critican constantemente a sí mismas, [...] retroceden constantemente aterradas ante la vaga enormidad de sus propios fines, hasta que se crea una situación que no permite volverse atrás y las circunstancias mismas gritan: Hic Rhodus, hic salta! ¡Aquí está la rosa, salta aquí!»

triunfo para el dadá. El dos de marzo, Hausmann y yo volvimos a actuar, esta vez en el Mozarteum ante un público más reducido, logrando otro gran éxito. El cinco de marzo estuvimos en Karlsbad, donde, para nuestra satisfacción, pudimos comprobar que el dadá es eterno y alcanzará gloria imperecedera.

El artista sinvergüenza (1920)[1]

John Heartfield y George Grosz

Hacemos una llamada urgente a todos los que aún no están lo bastante idiotizados como para dar por buenas las declaraciones esnobistas de ese artista sinvergüenza, para que se posicionen enérgicamente en su contra. Se lo pedimos fervientemente a todos los que no estiman como lo más importante el que las balas dañen obras maestras de la pintura, ya que tales balas sirven para diezmar a aquellos hombres que arriesgan su vida para salvarse a sí mismos y a sus congéneres de las garras de esas sanguijuelas.

Los «bienes más sagrados» (ya les llamemos arte o cultura o patria, etc.) no son, en verdad, otra cosa que el resultado del trabajo de la clases productivas y, si se hacen llamamientos en su defensa, como los de los señores Oskar Kokoschka y Guillermo II, ello no obedece más que a su deseo de que tales bienes sacratísimos continúen en manos de los mismos que normalmente los consideran un objeto de especu-

---

[1] «El artista sinvergüenza» se escribió como respuesta a un llamamiento de Oskar Kokoschka en el que suplicaba al público alemán que tomase medidas para la preservación del patrimonio cultural en situaciones de agitación social, al mismo tiempo que imploraba a los partidarios de todas las tendencias políticas que trabasen sus luchas callejeras a una distancia prudencial de cualquier lugar donde «pueda ponerse en peligro la cultura humana». Kokoschka respondía así a los acontecimientos del 15 de marzo de 1920 en la Postplatz de Dresde, donde, después del golpe contrarrevolucionario de Kapp, habían estallado combates entre tropas leales a la «dictadura nacional» y los trabajadores que se manifestaban con motivo de la huelga general que propiciaría el fracaso del golpe. Ese día murieron 59 personas y 150 resultaron heridas, mientras que, en la cercana pinacoteca Zwinger, una bala perdida en la refriega dañaba la *Betsabé* de Pedro Pablo Rubens.

lación. Aquellos hombres, a pesar de que también quisieran evitar a toda costa cualquier tipo «de despojo de sus bienes más sagrados a las pobres generaciones venideras», verían con buenos ojos que, en lugar de vaticinar rapiñas en nuestras pinacotecas por parte de la Entente, como hace Kokoschka, el héroe de las frases grandilocuentes, tales cuadros se vendieran a la Entente, siguiendo el ejemplo de la ciudad de Viena, con el fin de obtener alimentos con que nutrir a una generación que está creciendo con carencia de ellos. Esto sería más útil a «las pobres generaciones venideras» que el dejarles seguir admirando con las piernas torcidas por el raquitismo unas obras maestras de la pintura incólumes en los museos. Y, en el futuro, cuando el pueblo alemán haga un análisis retrospectivo, le encontrará más dicha y sentido a esta actitud negligente con el arte que al racionamiento de la mermelada en loor de Rembrandt. Las luchas «de todas las facciones alemanas implicadas hoy en política» son la expresión lógica del ansia de sobrevivir y de crear para las generaciones futuras unas condiciones de vida distintas a las que permiten comer hasta hartarse y reírse de los que pasan hambre tan sólo a ese dios iluminado de Kokoschka. Por supuesto, la gente saciada necesita tranquilidad para hacer la digestión; y si el pueblo más llano tiene que hacerse notar, puede rugirle a la cara de ese niñito vienés con todo el derecho: «*Serán válseh nomáh*»;[2] pero con fusiles y ametralladoras no va a poder concienciarle de su relación con sus congéneres ni de cómo su destino depende del de ellos. Ese es un sinvergüenza que quiere que su actividad pictórica se considere una misión divina. Y esto hoy en día, cuando resulta más importante el que un soldado rojo limpie su fusil que el conjunto de la obra metafísica de todos los pintores. Los conceptos de «arte» y «artista» son un invento de la burguesía y el lugar que ocupan en el Estado se encuentra necesariamente del lado de los que dominan, esto es, de la casta de los burgueses.

Recibir el título de «artista» es una injuria.

---

2 En el texto original en dialecto vienés, que, por su carácter sureño, reproducimos en «español atlántico».

El artista sinvergüenza (1920)

La denominación «arte» es una anulación de la igualdad humana de valores.

El endiosamiento del artista es lo mismo que el autoendiosamiento.

El artista no se eleva por encima de su medio ni del grupo que lo afirma, pues su pequeña cabeza no produce el contenido de sus creaciones, sino que se limita a reelaborar la visión del mundo de su público (lo mismo que una olla con la carne para hacer salchichas).

Por supuesto que Oskar Kokoschka, creador de retratos «psicológicos» de filisteos pequeñoburgueses, no va a desperdiciar su talento espiritual con la chusma desalmada. Sus conocimientos de enseñanza primaria le bastan para exigir, con verdadera conciencia histórica, tanto a los radicales de izquierda como a los que se han desviado, a los que han seguido el camino recto y a los de derecha, que sus teorías políticas «*lah defiendan, rifle en mano, en loh campoh de tiro al aire libre, así nomáh, pa no dañá lah antiguah obrah maestrah de la pintura y no causá ningún perjuisio a la Humaniá*».[3] Y a pesar de que él, como todas las grandes putas del arte, se encuentra por encima de las disputas entre partidos, no niega al pueblo fanatizado el siguiente espectáculo político, nuevo e inaudito: el ruedo político ha de convertirse en un circo donde los cabecillas actúan de gladiadores, la gentuza de los partidos *berreeeeea*, los bomberos están allí con el *minimax*[4] para evitar incendios y las fuerzas de seguridad lo vigilan todo para impedir que algún Rubens o algún Rembrandt se agiten en su tumba.

Señor catedrático, ¿no conocerá Vd. ningún método para hacer resucitar de su tumba a Rubens y Rembrandt, que, aunque, dicho sea de paso, no puedan ni llamar por teléfono, nos parecerían, con sus tricornios, sus zapatos de punta, cuellos de pico y espada de caballero, tan venerables como sus cuadros de Vd.? Vd. obtendría, sin duda, un título que lo habilitaría para curar la escisión en el alma del pueblo alemán y hacer así que en la patria, sometida a tantas pruebas difíciles, se restablezcan la tranquilidad y el orden, para conducirla a un futuro

---

3   En el texto original en dialecto vienés, asimismo vertido en «español atlántico».
4   Coche de bomberos de principios del siglo XX.

mejor. La Entente, claro está, revisaría el Tratado de Versalles.

¡Trabajadores, mirad a Dresde! Allí veréis la cuna de vuestros felices hijos y la cuenta bancaria de O. Kokoschka.

Óhca Kokoschka, que teme y tiembla como una doncella ante el señor, que se caga de miedo, no nos supone más que un pretexto para desenmascarar el arte burgués, un arte con respecto al cual la persona de este catedrático resulta tan secundaria como realmente lo es. Este profesor universitario de la Facultad de Arte, que en las pruebas de acceso ha manifestado (y esto es literal): «admitiré únicamente a hombres absolutamente intactos» (hombres intactos de las cosas y cuestiones del momento actual, ángeles de la luna, de parajes metafísicos), es un personaje simbólico, tras cuyos puntos de vista sobre el arte se cobijan todo el funcionariado del arte, el mercado del arte y la opinión pública sobre el arte. Y por medio de nuestros ataques contra él nos dirigimos también contra todo lo que de tontería, maldad y arrogancia artísticas se esconde detrás de él. ¡Contra toda la desvergonzada farsa artística y cultural de nuestro tiempo!

Las manifestaciones de Kokoschka constituyen una expresión representativa del sentir de la burguesía en su conjunto. La burguesía coloca su cultura y su arte por encima de la vida de la clase obrera. Y ello nos lleva una vez más a la conclusión de que es imposible cualquier conciliación entre la burguesía, su posicionamiento vital y cultural, y el proletariado.

Trabajadores, vemos los intentos de los independientes por salvaguardar esa cultura y sus falaces puntos de vista sobre el arte en medio del mundo proletario que está emergiendo. Estamos esperando que, en cualquier momento, nuestro camarada, el señor Félix Stössinger, os presente en *Freie Welt*[5] los cuadros del importante pintor *Óhca*

---

5   Félix Stössinger (1889-1954), escritor y fotógrafo nacido en Praga. Conoció a Franz Kafka y se relacionó con Kurt Tucholsky, quien afirmó que Stössinger usaba la fotografía como un arma. *Freie Welt*, semanario ilustrado de larguísima vida. Apareció en Berlín a finales de los años diez como órgano del USPD (Unabhängige Sozialdemokratische Partei Deutschlands) [Partido Socialdemócrata Independiente de Alemania], y se publicó hasta casi el final de la RDA.

El artista sinvergüenza (1920)

Kokoschka y os demuestre su importancia para el proletariado, de la misma manera que os dio a conocer toda la quincallería eclesiástica del altar de Isenheim[6] o los retorcimientos artísticos, solipsistas y pasados de moda, de un van Gogh. El individualismo egocéntrico se ha desarrollado mano a mano con el capital y debe caer con él.

¡Saludamos con gozo el hecho de que las balas pasen silbando por los museos y los palacios, entre las obras maestras de Rubens, en vez de hacerlo por las casas de los barrios obreros en medio de los pobres!

¡Nos alegramos cada vez que capital y trabajo se enfrentan abiertamente allí donde tienen su hogar esa cultura vergonzosa y ese arte que siempre ha servido para amordazar a los pobres y sólo resulta edificante los domingos, para que los burgueses retomen los lunes, con mayor tranquilidad si cabe, su comercio de pieles y su explotación!

Sólo hay una tarea:

Acelerar la ruina de esta cultura de la explotación por todos los medios, con la mayor inteligencia y congruencia.

¡Cualquier tipo de indiferencia es contrarrevolucionaria!

No vamos a soportar más el instinto de conservación contrarrevolucionario de los Kokoschkas que aún no se han apropiado de las volubles ideas de los futuristas, en cuyos cuadros sólo hay de bueno que quisieran saberlos quemados tras su muerte, en la recta convicción de que, en ese momento, hará ya mucho tiempo que fueron superados. (¿Qué nos importa una pintura futurista como *Sombrero femenino rueda escaleras abajo* en una época en la que escasea la mantequilla?)

¡Exigimos a todos que tomen posición en contra de la veneración masoquista por los valores históricos, en contra de la cultura y del arte!

¡Y especialmente pedimos que extiendan a otros este posicionamiento en contra del llamamiento de Kokoschka! Queremos reunir todas las voces posibles contra tales sinvergüenzas y todo lo que se

---

6 Retablo del muy conocido altar de Isenheim, pintado en 1515 por Matthias Grünewald (1475-1528).

esconde tras ellos, para que informen a la opinión pública.

De vosotros, trabajadores, sabemos que crearéis vuestra propia cultura obrera sin necesidad de nadie, de la misma manera que habéis creado con vuestras propias fuerzas vuestras organizaciones para la lucha de clases.

Una visita al Cabaret Dadá (1920)

Alexis [Richard Huelsenbeck]

¡Damas y caballeros, en breves instantes comienza el espectáculo! Fuimos por un largo corredor, llevando cada uno una vela en la mano: delante los hombres y detrás las mujeres. De vez en cuando, el guía, que iba ataviado con un abrigo de pieles blanco y llevaba puesta una mitra, gritaba: «Levanten las manos y dejen caer la tripa. Agarren el timbal que tienen en el oído y sáquense el ataúd de la nariz, pues nadie sabe para qué sirve.» Después hacía sonar su trompa, armando un ruido ensordecedor. Nosotros, no obstante, nos sentíamos más seguros cuando resonaba su voz, pues la incertidumbre acongojaba nuestros pechos, y al consejero Spätzle, conocido militante del Partido Popular de la Nación Alemana, comenzaron a temblarle las piernas, aunque hasta el último momento procuró mantenerse firme mediante su fuerza moral. Estuvimos dos horas andando por aquel corredor, en el que olía a coles e inmundicia, y pasamos por encima de traviesas de ferrocarril, tajos de madera y colchones pestilentes. Por fin, llegamos a una habitación destinada evidentemente al culto religioso. Allí se hallaba el primer sacerdote dadaísta que vi en mi vida, vestido con unos calzoncillos violetas y con un gato en sus brazos. En la cabeza llevaba puesta una gran peluca, en la que llamaban la atención dos plumas de pavo real. Al hablar se le cayeron los dientes de la boca mientras que, en sus orejas, unos pendientes con cuentas de cristal giraban al son de una música militar. El suelo se movía y a veces se inclinaba tanto que muchos de los presentes se caían, lo cual hizo temer a algunas damas que la visión de sus piernas pudiera atraer sobre sí la atención de algunos hombres liberales. A través de las grietas de las paredes entraba vapor y, desde los rincones, salían propulsados chorros de agua. ¡Damas y caballeros, aquello era algo imponente! Entonces, el sacerdote hinchó su pecho de papel maché mientras, dirigiendo los ojos con un cordel, lanzaba miradas como rayos aquí y allá. Su voz era como la de un trueno que asciende desde las regaderas cuando el sol vespertino las ilumina. Tenía una barba en la que jóvenes ratones se daban las buenas noches, y los trenes expreso aguardaban su turno en el abismo de su nuca. «Yo soy el sacerdote», dijo, « de principio a fin. Soy el tulipán de Valparaíso y la mantequera del Archipiélago de Bismarck.» En nuestra comitiva arreciaron las voces de aquellos que se percataron de la patraña y no tenían deseo más ferviente que el de regresar a la paz y el orden. «Necesitamos trabajo y que nuestra patria crezca orgánicamente», dijo un señor a mi lado, que tiempo después se inició en la política con ideas muy radicales. «Muchos queremos a nuestro rey, queremos tener de nuevo a nuestro rey»,[1] opinó por su parte una dama con una voz de bajo muy llamativa. En general, la idea era que hubiera sido mucho mejor pasar la tarde leyendo un libro de Goethe o bebiendo una cerveza; en definitiva, fomentando la cultura alemana. Entretanto, el sacerdote se había sentado sobre su lado derecho y se había sacado un conejo de entre los dedos de los pies. Dijo: «Yo soy la luna joven en las cataratas. Cuando río, la tierra se estremece; y las casas, que aún están ahí como si no supieran nada, se reúnen en la Plaza Kaiser Friedrich. *¡Heil!*, *¡Heil!* Estalló el cielo y se quebró la flauta, aún no ha llegado la mañana de todas las noches, aún no ha llegado el equinoccio de la agencia de viajes.» El señor que estaba a mi lado me dijo: «No vaya usted a creer que tras el dadaísmo se oculta el más mínimo sentido. Estos hombres son unos astutos embaucadores, que saben muy bien cuánto atrae el sinsentido a la gente y le sacan el dinero de esta manera tan burda. Vea si no cómo se está riendo el tipo, se le están saltando las lágrimas de los ojos.» En ese momento, una joven dama, indignada, respondió con voz de falsete: «No se está riendo, es éxtasis auténtico. Yo he visto a los dadaístas en Dresde cuando les destrozaron sillas en

---

1 En dialecto berlinés en el original.

la cabeza y les arrojaron pianos. Ser dadá significa ser valiente.» El sacerdote, con sus calzoncillos violetas, comenzó a revolcarse por los suelos. Un trottoir roulant[2] condujo dentro de la habitación a la primadonna de la Metropolitan Opera House, que sabía silbar ella sola el ragtime *Le délice*. Era casi imposible contemplar aquel espectáculo sin sonrojarse ni conmoverse. Las vacas marinas se acercaron mucho, como si quisieran comer de nuestras manos, y las lagartijas, increíblemente verdes, colgadas de los techos, entre redomas y alambiques, comenzaron a girar como ventiladores. Reinaban ese aire pútrido y esa atmósfera de ventrílocuo sobre los que Capasses nos ha dejado algunas ideas tan relevantes en su famosa novela *Chevilles*. Sin que yo lo notara, el consejero Spätzle se había puesto furiosísimo. «¿Cómo?» gritaba, «¿Cómo? ¿Esto es lo que me ofrecen a mí, a mí que vengo de una familia decente, que soy una persona de buenos modales y que durante nueve años fui a clase en un colegio de Humanidades? Yo siempre he estado a favor del progreso, pero lo que es demasiado, es demasiado.» Miró a su alrededor y dijo: «Y, desde una perspectiva nacional (rió burlonamente), estos dadaístas no son más que unos enviados de la Entente para hacer una revolución. ¡Fíjense en ese de ahí! (había aparecido el dadásofo) ¿Es un hombre o un animal? Ahí se originó una acalorada discusión acerca de si el dadásofo, que en esos momentos emergía por un escotillón, era un hombre o un animal. Se llegó a la conclusión de que era lo último. Apenas se había callado el consejero cuando dio comienzo el gran desfile del Juicio Final dadaísta. Parecía como si todo el edificio fuera a desplomarse sobre nuestras cabezas. Bajo un impresionante baldaquino, los dadaístas portaban al denominado Presidente del Universo, un tal Johannes Baader, antiguo oficial de sastre, provisto con todos los símbolos de la locura y de la estulticia dionisíaca. De sus orejas brotaba agua caliente a raudales, y en las posaderas, en las que seguramente tendría atesorados los lemas para su inmortal obra *Las vidas amorosas de los dadaístas*, le habían cosido unos guantes de boxeo. Muy cercanos al presidente se encon-

---

2 Pavimento móvil.

traban el dadásofo Hausmann y ese tipo, Huelsenbeck, a quien se le atribuía la fundación de toda aquella chaladura. El dadásofo cabalgaba sobre una lechuza, el animal de la sabiduría, y llevaba en las manos la serpiente y el águila, los símbolos de Zarathustra. «El mundo como problema epistemológico,» decía, «es tabú-dadá. Partiendo del todo-en-uno llegamos a lo porcuno, ¡aúpa!» Al oír estas palabras, un señor de nuestra comitiva, que sólo con mucho esfuerzo había conseguido leer a Hegel y a Schopenhauer, se puso furioso. El Director del Gabinete de Propaganda, Grosz, apareció con el timbal, símbolo del dominio mundial dadaísta. Pegado a él le seguía el conocido Ministro de Transportes Dadaísta e instalador técnico dadá Heartfield. Era un clan verdaderamente ilustre. A ellos se les unía un cortejo interminable: montados en vacas o a caballo, e incluso a pie, y pertrechados de trompetas y carracas, desfilaron por allí dadaístas de todos los países y todos se caracterizaban por la misma expresión dadaísta del rostro. En el desfile estaba el señor Tristan Tzara, ese calavera, trovador del movimiento dadaísta en París, uniformado como un empleado del metro. Un poco más alejado podía verse a Kurt Schwitters, el mundialmente conocido autor de *Anna Blume*. El ruido era tan inmenso que nuestros tambores parecían niñitos quejosos. La osteomalacia caía de los techos, y nadie sabía para qué servía aquello. Llegado ese momento, pudimos oír exclamar al oficial de sastre Baader: «El dadá es la victoria de la razón cósmica sobre el demiurgo. El dadá es el cabaret del mundo en la misma medida que el mundo es el cabaret dadá. El dadá es Dios, espíritu, materia y ternera asada, todo a la vez.» Entonces, el señor que estaba junto a mí gritó con voz iracunda: «El dadá es una tontería premeditada. El dadá significa la disolución de la escuela popular alemana y la destrucción del vigor alemán.» Yo me adherí a esa argumentación y abandoné con él aquel local por el mismo camino por el que habíamos venido.

Retorno a la objetualidad en el arte (1920)

Raoul Hausmann

El arte es una cuestión nacional. La nacionalidad es la diferencia entre la polenta, la sopa bullabesa, el *powidl*,[1] el *roast beef*, el *pirogge*[2] y las albondiguillas de harina en salsa.[3] Así pues, para poder valorar internacionalmente las finezas gastronómicas que representan un arte como mejor de lo que es, por ejemplo, el expresionismo, es importante adscribirle al arte un carácter nacional. Visto objetivamente, es imposible ir de místico si se toma menestra o sopa bullabesa, y también lo es combinar un *pirogge* con la claridad: todo es cuestión del clima gástrico y, con ello, del cerebro, que en Rusia y en Italia funciona de manera diferente. Eso sí, lo único peligroso es una mezcla irresoluta, como las albondiguillas de harina en salsa; aunque pudiera ser que, por medio de una educación tendente a la disciplina, las albondiguillas se comieran sin salsa, algo que sería muy provechoso a la hora de reflejar limpiamente los conceptos. Tan seguro es que, en la calle, los pensamientos de los hombres de una nación pueden adivinarse a partir de la forma de las piernas de las mujeres, como que el gusto nacional, la desviación del hambre, conforma el espíritu. Puede decirse incluso que una raza se forma por la inclinación hacia la objetividad en el comer: una alimentación sin salsas genera buenas formas femeninas y una sexualidad más ligera, que, mediante la influencia del tracto intestinal, contribuye a rechazar lo confuso, o sea, la mística. Eso es lo único inexplicable: la metafísica de las formas

---

1 Especie de mermelada de ciruelas, típica de Austria y Bohemia.
2 Pastel ruso relleno de carne o pescado.
3 Típicas de Alemania, se denominan «Kloßbrühe».

generadas por la alimentación y cómo se caracterizan las naciones. Entre los seres humanos, una nación es la modificación de la satisfacción del hambre. Toda nación que se alimente sin salsas y de un modo unívoco rechazará todo lo que sea estúpido, es decir, los elementos de la representación figurativa que no puedan compararse con nada o que no puedan ser denominados de ningún modo. De ahí el hecho de que en Italia naciera, como arte de transición, un realismo, el futurismo; y mientras, en Francia, debido a la guarnición de la sopa, surgió el cubismo. Alemania, en el centro de Europa, estuvo oscilando, influenciado por un lado y otro, entre las fórmulas occidentales y la ausencia de forma oriental. Así parió finalmente el expresionismo, en el cual flota sin rumbo, reconciliado y apacible, todo lo oscuro e inasible del ánimo alemán... exactamente igual que las albondiguillas en la salsa. Por lo general, al ser humano no le gusta verse tal y como es en realidad: una maquinaria maloliente que absorbe y excreta, los intestinos, oculta tras la piel y tras una panza grasienta. En analogía a esa miopía en lo que respecta a sí mismo, a los seres humanos les encanta conferirle un sentido a lo infinito, sin tener el valor de reconocer como un sinsentido el sentido, sólo aparente, y el valor, dictado por su utilidad, de las cosas. El sentido práctico de la alimentación no es sino la supervivencia, pero acerca de la vida no puede decirse nada. Y como el sinsentido perspicaz en Italia se transforma en frituras; en Bohemia, en jamón; en Inglaterra, en bistecs; en Francia, en chateaubriand;[4] en Rusia, en schtschi;[5] y en Alemania, en un asado a fuego lento, entonces las opiniones sobre el valor de la objetualidad en el ámbito de eso a lo que se llama arte son distintas en cada país, del mismo modo que las bebidas evocan o el sentido de la realidad o la mística. El tinto es una cuestión de precisión, la cerveza te hace gordo y pesado, y el kwas,[6] por su parte, vuelve salvaje e informe. Un pueblo como el italiano, con su carne de cordero, su polenta y su tinto, tiende necesariamente a la claridad en cualquier situación.

---

4 Plato francés de carne al horno con salsa bearnesa.
5 Sopa rusa de vegetales con carne.
6 Bebida alcohólica rusa y ucraniana a base de pan fermentado.

Por el contrario, el alemán, por culpa de las sopas, los panecillos y su cerveza, ha llegado hasta ese asqueroso oscurecimiento de las cosas llamado expresionismo. El primer expresionista, un hombre que se inventó la «libertad interior», fue un sajón glotón y borracho, Martín Lutero. Él fue quien condujo el giro protestante de los alemanes hacia una «interioridad» inexplicable, que era lo mismo que carácter falaz, hacia unos juegos malabares de padecimientos inventados, abismos del alma y de su poder, unidos a una servil sumisión hacia la autoridad. Es el padre de Kant, de Schopenhauer y de la actual idiotez que reina en el arte, una idiotez que fija su mirada más allá del mundo y con eso cree superarlo. La única muestra de expresión clara de Lutero, las salchichitas de Frankfurt, surgieron, no obstante, a partir de las inquietudes protestantes por la forma judía de valorar el mundo, de igual manera que todo lo alemán que sea medianamente claro siempre se orienta como una protesta, y no como una aprehensión de la realidad y de la naturaleza humana. Rusia, todos los eslavos al fin y al cabo, son un caso particular. El clima gástrico provoca una invasión orgánica de la realidad, un sobrecalentamiento graso, muy lejos de la sobriedad y la incapacidad alemanas. Mientras que los pueblos románicos tienen un buen aparato digestivo y los eslavos son capaces de digerirlo todo, los alemanes padecen unas alternativas ignominiosas de estreñimiento y diarrea, que se muestran en la filosofía de Kant, la segunda parte del Fausto de Goethe o en la sintaxis de Stramm. Los alemanes se expresan a pegotones; y tampoco son capaces de guardarse nada para sí, a todo le sacan un sentido, cojo o precipitado, sin acertar jamás con la realidad. Con el arte expresionista, el pueblo de Goethe retorna al carácter confuso de las molestias gástricas subjetivas. A esos manejos abstractos les oponemos la máxima de Courbert: «¡Pintar ángeles! ... sí, quien los haya visto.», pues con ella uno se verá reconfortado en las perspectivas que se abren de naturalidad, de racionalidad en el comer y el beber, aunque en algunas épocas a Coubert le gustaba mucho la cerveza. Quien pertenece a una nación magnífica amará lo explicable, lo general, y no las extravagancias de la oscura estulticia. Querrá asir la objetualidad del mundo circundante y la objetividad del suceder continuo, sin pretender reflejar partes sueltas de la realidad, ni clichés, ni el famoso rasgo temperamental dado por la naturaleza: no lo permitirán ni su ironía en relación a sí mismo ni la conciencia que tiene de que las cosas no son elementos aislados. No querrá experimentar el retrato de un hombre olvidando sus intestinos, ni la importancia de las máquinas sin tener en cuenta una perspectiva correcta; y será consciente de la límpida inutilidad de las formas geométricas en unión con el cielo. Los modos individuales de observar la realidad serán distintos según la nación, fluctuando desde un polo románico a uno moscovita; el alemán, por su parte, debería plantearse empezar por hacer un plan para separar las albondiguillas y la salsa en el plato de albondiguillas de harina en salsa. De otro modo, nunca logrará ir más allá de las piernas-salchichitas femeninas, de los planes de dominación del mundo y del expresionismo, o sea, de la cultura de la estupidez mentirosa.

Lo que, en opinión del dadásofo, dirá la crítica de arte acerca de la exposición dadá (1920)

Raoul Hausmann

Conste de antemano que también esta exposición dadá es una absoluta fanfarronada mediocre, una especulación menor para provocar la curiosidad del público: no merece la pena visitarla. Ahora que Alemania se estremece y convulsiona sumida en una crisis de gobierno de duración hasta ahora desconocida, y que la Conferencia de Spa[1] hace nuestro destino inminente aún más incierto, vienen estos muchachos y se ponen a hacer trivialidades desconsoladoras con harapos, desechos y basura. Raras veces hasta ahora una sociedad como esta, tan decadente y carente de absolutamente cualquier capacidad y de voluntad seria, se ha presentado ante la opinión pública con la desfachatez con la que se atreven a hacerlo aquí estos dadaístas. Ya no hay nada en ellos que tenga la facultad de impresionar; todo sucumbe a la convulsión de su furor de originalidad la cual, desprovista de toda capacidad creadora, se desfoga con prácticas bobas. La «obra de arte mecánica» puede que sea un arquetipo habitual en Rusia, aquí eso es una imitación vulgar sin talento ni arte, en el extremo del esnobismo y el atrevimiento opuesto a la crítica seria. Precisamente el único talento moderado de la banda, el dibujante Grosz, decepciona; justamente en él queda patente a dónde una inteligencia puede llevar la debilidad de carácter y la incapacidad para resistir al empuje de las modas y el afán de «novismo»: al mismísimo pozo del aburrimiento,

---

1 La Conferencia de Spa (1920) fijó el porcentaje que recibiría cada país del total de las reparaciones de guerra de Alemania: Francia 52%, Gran Bretaña 22%, Italia 10%, Bélgica 8%.

al desvarío y la mofa más banal. ¡Oh, Grünewald, Durero, y vosotros, los demás grandes artistas alemanes! ¿¡Qué diríais de todo esto!? Lo mostrado en esta exposición es, por regla general, de un nivel tan ínfimo, que hay que asombrarse de cómo una sala de arte puede tener valor para exhibir estas chapuzas cobrando las entradas a un precio invariablemente elevado. Al dueño de la sala, acaso mal asesorado, se le advierta que ¡en torno a los dadaístas debe propagarse un mutismo indulgente!

Sobre la introducción a la Primera Feria Internacional Dadá (extracto, 1920)

Wieland Herzfelde

> Llegará el día en que la fotografía arrincone y suplante todo arte pictórico
> *Wiertz*

> Si un artista sacara todo el provecho de la fotografía que debiera, elevaría su vuelo a una altura desconocida para nosotros
> *Delacroix*

> Sol, luna y estrellas perduran pese a que ya no las adoramos. Si existe el arte inmortal, no se morirá por que su culto sucumba
> *Wieland Hertzfelde*

La pintura tuvo alguna vez el propósito declarado de procurar a los hombres la visión de las cosas –paisajes, animales, arquitecturas, etc.– que ellos mismos no podían conocer con sus propios ojos. Esta tarea la han asumido hoy la fotografía y el cine, y la resuelven de modo incomparablemente más perfecto que los pintores de todos los tiempos.

Pese a ello, la pintura no se extinguió con el quebranto de su propósito, sino que buscó objetivos nuevos. Desde entonces pueden resumirse todas las aspiraciones artísticas en que, por distintas que efectivamente sean, todas marcan la tendencia común a emanciparse de la realidad.

El dadaísmo es la reacción a todos estos experimentos que reniegan de la factualidad y que han sido la fuerza motriz de impresionistas, expresionistas, cubistas y también de los futuristas (estos al no querer capitular ante el cine); el dadaísta, no obstante, no se plantea competir otra vez con la máquina del fotógrafo, ni insuflarle siquiera un soplo de alma otorgando prerrogativa a la lente más imperfecta, el ojo, o (como los impresionistas) volviendo la máquina hacia sí y dedicándose sólo a mostrar el mundo en su propio pecho.

Los dadaístas sostienen que si en otro tiempo se emplearon dosis ingentes de tiempo, amor y esfuerzo en el retrato de un cuerpo, de una flor, de un sombrero, de la proyección de una sombra, etcétera, ahora sólo tenemos que coger la tijera y recortar todas esas cosas que necesitemos de los cuadros y representaciones fotográficas; si se trata de cosas de escasa envergadura, ni siquiera nos hacen falta las imágenes, tomamos los objetos mismos, ya sean navajas de bolsillo, ceniceros o libros, etcétera, cosas sin más que en los museos de arte antiguo fueron pintadas con exquisita hermosura, si bien, a la postre, sólo fueron pintadas.

Ahora la célebre cuestión: de acuerdo, ¿pero qué hay del contenido, de lo intelectivo?

En el curso de los siglos, la distribución desigual de las posibilidades vitales y de desarrollo ha producido en todos los ámbitos, y también en el ámbito de las artes, una situación inaudita: de un lado queda el cenáculo de los llamados expertos y talentos que, en parte gracias a décadas de entrenamiento, en parte merced a la protección, el apoltronamiento, en parte también por predisposición hereditaria, ha usurpado el monopolio de todas las cuestiones relacionadas con la valoración artística. Mientras, del otro lado, el conjunto de hombres cuya exigencia ingenua y sin pretensiones, la de presentar, transmitir y conformar la idea en sí misma y los procesos en su propio medio, infundiéndoles virtud, es reprimida por aquel cenáculo de corifeos. Un joven de hoy, si no quiere renunciar a cualquier posibilidad de formación y ampliación de sus condiciones originarias, ha de someterse a un sistema de educación artística y de juicio público del arte levantado en su integridad de un modo autoritario. Como respuesta a esto, los dadaístas afiman que crear imágenes no tiene trascendencia

Sobre la introducción a la Primera Feria Internacional Dadá (extracto, 1920)

alguna, aunque si esto ocurre, cuanto menos no debe ostentarse un criterio de autoridad, a las grandes masas no se les debe corromper el gusto por la ocupación creativa desde el lado de la arrogancia profesional de un gremio altanero. Por este motivo los contenidos de los cuadros y los productos dadaístas pueden ser extraordinariamente distintos, e igualmente los medios. En sí, todo producto que es elaborado sin influencia ajena, indiferente a las instancias y a los principios de valor públicos, es dadaísta en tanto quien los presente, renuente de cualquier ilusión, actúe partiendo de la necesidad de seguir descomponiendo el mundo presente, el cual ya de por sí se halla en proceso de disolución, de metamorfosis. El pasado es tan sólo importante y determinante en la medida en que debe combatirse su culto. Hasta tal extremo están los dadaístas de acuerdo cuando afirman que la Antigüedad, la Época Clásica tal y como la concibieron los «grandes genios» no debe ser valorada (si se trata de una estimación histórica científica) en relación con el tiempo de creación, sino pensando que es alguien de nuestro tiempo quien crea estos objetos. Nadie va a cuestionar que hoy en día no existe ser capaz de fraguar obras cuyas condiciones previas daten de siglos y siglos atrás, aunque se trate -para hablar en términos artísticos- de un genio. Los dadaístas se atribuyen como mérito propio ser precursores del diletantismo, pues el arte diletante no es otra cosa que la víctima de una cosmovisión llena de prejuicios, arrogante y aristocrática. Los dadaístas reconocen como único programa la obligación de dar contenido temporal y espacial a sus cuadros con el acontecer presente, por cuyo motivo no consideran tampoco fuente de su producción *Las mil y una noches* o *Estampas de Indochina*, sino el periódico ilustrado y el editorial de prensa. […]

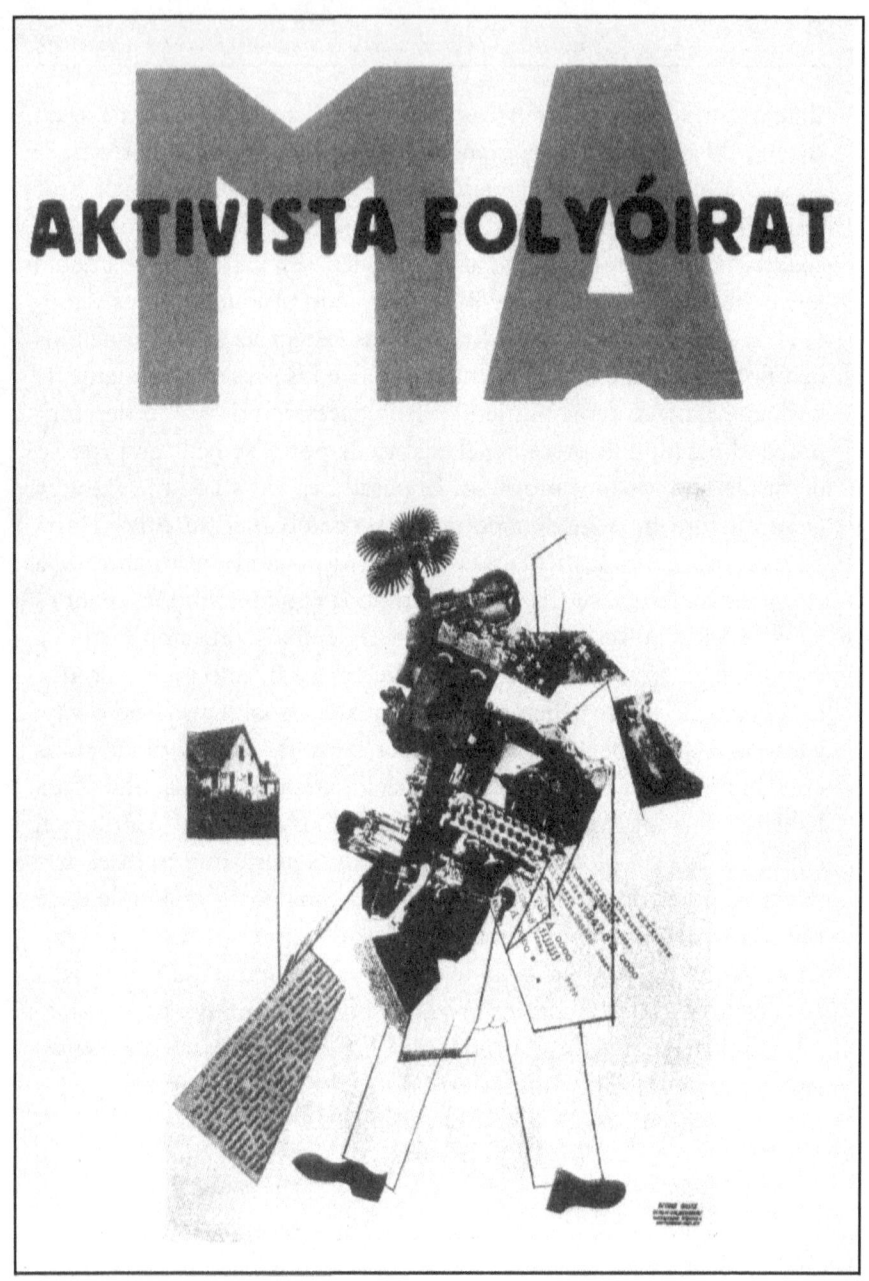

George Grosz, porta de la revista húngara *Ma*, junio de 1921

Introducción al *Almanaque dadá* (1920)

Richard Huelsenbeck

Hay que ser lo suficientemente dadaísta como para poder posicionarse frente al propio dadaísmo con una postura dadaísta. Existen montañas y mares, casas, tuberías de agua y trenes. En La Pampa los vaqueros hacen volar sus grandes lazos y en el Golfo de Nápoles, sobre fondos mil veces pintados, cantados y estereoscopiados se balancea la romántica gabarra que mece en sus pesados sueños a la pareja nupcial alemana. El dadá ha comprendido todo esto. El dadá ha utilizado extensamente las posibilidades del movimiento físico. Entonces le traen a uno ideologías y estatutos sociales, entonces están ahí los estilitas de una cultura tardía con el brillo de un calambre mandón en la cara: –dadá, mahometanos, Zwinglianos, Kantianos– jo, jo, jo. El dadá ha dejado fluir las ideologías por las puntas de sus dedos, el dadá es el espíritu danzante sobre las morales de la tierra. El dadá es la gran aparición paralela a las filosofías relativistas de este tiempo, el dadá no es ningún axioma, el dadá es un estado intelectual independiente de escuelas y teorías, que afecta incluso a la personalidad sin violarla. No se puede fijar el dadá en principios. La pregunta: «¿qué es el dadá?» es contraria al dadaísmo y colegial, en el mismo sentido que lo es la misma pregunta ante una obra de arte o un fenómeno de la vida. El dadá no se puede comprender, hay que experimentarlo. El dadá es inmediato y evidente. Se es dadaísta si se vive. El dadá es el punto de indiferencia entre forma y contenido, mujer y hombre, materia y espíritu, en cuanto que es la punta del triángulo mágico que se eleva sobre la polaridad lineal de las cosas y conceptos humanos. El dadá es la parte americana del budismo, rabia porque puede callar, actúa porque está tranquilo. Por lo tanto el dadá no es ni política ni estilo artístico, no vota ni por la humanidad ni por la barbarie – «mantiene la guerra y la paz en su toga, pero se decide por el Flip[1] de vino de Jerez.» Y sin embargo el dadá tiene carácter empírico, porque es un fenómeno entre fenómenos. Ya que el dadá es la forma de expresión más directa y llena de vida de su tiempo, se vuelve contra todo lo que le parece obsoleto, momificado, estancado. Pretende la radicalidad, toca el bombo, se lamenta, se burla, trilla, se cristaliza en un punto y se expande por la superficie ilimitada, es como la flor de un día y sin embargo tiene sus hermanos entre los colosos eternos del Valle del Nilo. Esto significa: que quién ha vivido lo mejor de su tiempo, ha vivido por todos los tiempos. Entrégate y recibe. Vive y muere.

«Eso es, mi mujer me hace poner completamente desnudo – como el Niño Jesús.» Canción parisiense

Por lo tanto, el dadá es también una actividad, es incluso la actividad más expuesta y más dura que existe. El dadá ha escogido para su actividad el terreno cultural, aunque del mismo modo podría haber aparecido como comerciante de ultramar, corredor de bolsa o director de una cadena de cines. No ha escogido el terreno cultural por la sensiblería que asigna a los «valores intelectuales» un rango superior entre los clímax tradicionales de valores. La gran mayoría de los dadaístas conocen «la cultura» de los oficios de escritor, periodista, artista. El dadaísta ha adquirido profunda experiencia sobre cómo se ha de hacer «intelecto», conoce la situación oprimida del productor intelectual, ha comido durante años en la misma mesa con los tantas veces impresos acariciadores del espíritu y Manulescus[2] entre los escritorzuelos, ha presenciado los secretos más profundos y los dolores de parto de las culturas y las morales. El dadá lleva a cabo una especie de propaganda anticultura, por sinceridad, por asco, por

---
1 Tipo de cocktail.
2 Manulescu, conocido estafador de Alemania hacia 1900, escribió sus memorias y se hizo famoso.

el más profundo disgusto ante la artificialidad de lo más elevado de la burguesía, sancionada intelectualmente. Ya que el dadá es movimiento, experiencia e ingenuidad, que valora poseer bon sens —llamar al pan, pan y al vino, vino—; ya que el dadá es la falta de relación con todas las cosas y por eso tiene la capacidad de estar en relación con todas las cosas, se vuelve contra toda clase de ideología, esto es, contra toda clase de estado de guerra, contra todo impedimento, barrera. Como el dadá es la elasticidad en sí mismo y no puede comprender cómo se puede uno detener en algo, ya sea dinero, ya sea una idea – ofrece el ejemplo de una completa libertad de carácter no patética. El dadaísta es el hombre más libre sobre la tierra. Ideólogo es todo hombre que cae en el fraude con el que le engaña su propio intelecto al creer que una idea, es decir, el símbolo de que una realidad apercibida durante un instante, tiene absoluta realidad. Se puede manejar una colección de términos como piezas de dominó. Ideólogo es también aquel que hace que la «libertad», la «relatividad», en definitiva la noción de que el contorno de todas las cosas se desplaza, de que nada tiene existencia, se convierta en una «concepción del mundo fija»; como en el caso de los nihilistas, que son casi siempre los más increíbles y limitados dogmáticos. El dadá está muy lejos de todo eso. Lucha, por ejemplo, contra la ideología cultural, a la que tiene por una de las mentiras mayores y más infames, – puramente por ganas de movimiento, si se quiere por crueldad, quizás por coquetería. El burgués, el satisfecho comerciante de ganado y carpas, que compra arte el domingo por 20 marcos para poder seguir durante la semana con su pujante comercio criminal de pieles, debe ser asesinado por el dadá, eliminado, convertido en inofensivo para siempre.

> «Pero el "espíritu", especialmente el "espíritu histórico" deduce también de esta duda su ventaja: una y otra vez.»
> Cita de Nietzsche de *Más allá del bien y del mal*[3]

---

3   Friedrich Nietzsche, *Obras Inmortales*, Editorial Teorema, Barcelona, 1985, Tomo III, p. 1373.

«¡Ajá!», escucho decir al hombre que se siente seguro sentado en el sillón de cualquier ideología, «el dadá es, por lo tanto, sólo destructivo. Bolchevismo en arte. ¿Y eso para qué, en un tiempo en el que son necesarios la tranquilidad y el orden?», o, «¿Qué es lo verdaderamente positivo en el dadá – dónde están los resultados? O «¿el dadá está en contra del espíritu? Eso es fácil de decir cuando no se tiene espíritu. Pero entonces, ¿para qué sirve el dadá? El que pregunta algo así está más alejado del dadaísmo que cualquier animal de los principios de la Teoría del Conocimiento. El dadá reconoció ya hace mucho la necesidad de tranquilidad y orden como una cualidad de los hombres, que quieren que se les demuestre una experiencia a través de una moral. El dadá no se deja justificar mediante un sistema que se acerca a los hombres con un «tú tienes que». El dadá se apoya en sí mismo y actúa hacia fuera de sí, como hace el sol cuando sube en el cielo o como cuando crece un árbol. El árbol crece sin querer crecer. El dadá no carga sus acciones con motivos que persigan una «meta». El dadá no da a luz desde sí mismo hacia fuera abstracciones en forma de palabras, fórmulas y sistemas que quiere ver puestos en práctica en la sociedad humana. No necesita ninguna prueba ni ninguna justificación, ni a través de fórmulas ni a través de sistemas. El dadá es la acción creadora en sí misma. El dadá ha producido en su cabeza la rigidez y la velocidad de este tiempo. El dadá es eminentemente civilizador, pero tiene la capacidad de ver históricamente las limitaciones de su aparición en el tiempo, se relativiza a sí mismo en su tiempo. El dadá es efímero, su muerte es una acción libre de su voluntad. El dadá ha descubierto el reino de la invención del que habla Friedrich Nietzsche en las líneas reproducidas más arriba, se ha convertido en parodiador de la historia mundial y en bufón de Dios –pero no ha fracasado en sí mismo–. El dadá no muere de dadá. Su risa tiene futuro.

El dadá vence. Un balance del dadaísmo (1920)

Richard Huelsenbeck

Llegué a Berlín en primavera de 1917. Para poder entender el dadaísmo berlinés hay que ser consciente de la diferencia fundamental entre Alemania y Suiza, en un momento en el que los señores que quisieron la guerra y la escenificaron meditaban pálidos y tambaleantes sobre una posible derrota. En Suiza no había necesidades, se vivía en una abundante mediocridad, con el gesto del espectador satisfecho que observa la rabia con que se disputa la corrida de toros ante su confortable sillón. En los restaurantes de Zúrich los ciudadanos, cuyas posaderas rebosaban sobre los bordes de las sillas, siguiendo la antigua costumbre suiza, se pasaban el cuchillo por la boca; en el Alto Consejo Federal, la asamblea de los más selectos beocios de todo el mundo, se necesitaba la guerra como espantajo que estimulase el movimiento peristáltico de los intestinos. En los relucientes escaparates de las librerías y tiendas de arte se exponía la guerra en los grabados al aguafuerte de Klinger o Welti[1] en forma del dios del teatro Marte, con la planta del pie ancha y el plumero ondeante, y cuando los gladiadores, que habían buscado una rigurosa ley para la protección de la frontera de la patria en medio de un aburrimiento de muerte, iban por la ciudad, salían a cuatro patas las criadas de sus cuartos (esto suena como si fuera del *Egmont*)[2] para deshacer su sentimentalismo en lágrimas. Berlín ofrecía un aspecto oscuro. En Berlín se acababa de superar un invierno donde se estuvo

---

1   Max Klinger (1857-1920), grabador, pintor y escultor alemán; Albert Welti (1862-1912), pintor y grabador suizo.
2   El *Egmont*, drama de Goethe ambientado en el siglo XVI sobre la resistencia del conde Egmont en los Países Bajos contra la dominación española, musicado por Beethoven en 1809. (Obertura, Op. 84).

a punto de hacer pan utilizando paja. En el centro del interés de los alemanes estaba el nabicol, que se servía como tarta, asado de liebre y cerveza de malta; comenzaron los chanchullos sin escrúpulos y cayeron las barreras morales: en las calles las gentes se gritaban como animales salvajes, decenas de miles murieron de insatisfacción. Los tipos de cabeza deformada y tórax caído, los raquíticos de cuerpo y espíritu pasaron a dominar y sus ahogados instintos, que olían a ropa sucia, llenaron de flema los teatros, la prensa, todo lo público. Además la farsa oficial de la guerra continuó, los trenes militares llevaban al frente cargamentos de carne de hombres y de cerdo de refresco, y aquel gran criminal e hipócrita Guillermo II no cesó de dirigir discursos a su pueblo. Fue un tiempo de resistencia pasiva, de las dudas recién surgidas sobre las verdades del patriotismo y la Monarquía, de la irritación, que amenazaba con llegar a las manos –un tiempo de atmósfera cargada y de miseria. En un ambiente tal, el dadá se tenía que convertir en otra cosa que no fuera aquella suave discusión y acuerdo para el idilio en que se había convertido en Zúrich. Para despertar el interés de quienes, en su opinión, luchaban salvajemente, no sólo por la existencia de su Estado, sino también por la existencia de su cultura, había que emplear otros medios, más efectivos, más políticos, de los que, en resumidas cuentas, podían emplearse en Zúrich. El año 1917 transcurrió con experimentos en los que la palabra dadá no fue mencionada ni una sola vez. Yo, siguiendo mi postura habitual, me había alejado del «arte moderno». Con John Heartfield y Jung (el oscuro endiablado) hice la revista *Neue Jugend* [Juventud nueva] y fundé con Heartfield *ad hoc* la Editorial Malik. Mientras que con el artículo «Der Neue Mensch» [El hombre nuevo], publicado en el primer número de la edición semanal de *Neue Jugend*, yo caí de nuevo en propagar la estafa de la humanidad, algo incomprensible para mí hoy día, Heartfield hizo verdadero dadaísmo ya en la presentación tipográfica de la revista, en cuanto que intentó descomponer en un grito de tonos y colores la tradicional intelectualidad de la disposición tipográfica de los futuristas. Nuestro dadaísmo consistía en aquel tiempo principalmente en monstruosos bebederos en casa de

Mampe y Kempinski,[3] donde bebía, junto con George Grosz, muchas botellas de oporto Old Romeiro y Douro. En enero del año 1918 ofrecí, junto con los poetas Theodor Däubler, Max Hermann-Neisse y el, por desgracia conocido, recitador Hans Heinz (¡Vaya!) Twardowsky[4] un típico Ww-producto[5] intelectual de Berlín, una velada artística. En ella, empleando un poder brutal y artes astutas de traficante, pude decir al principio (a pesar de que, considerando el rango y la valía, tendría que haber actuado al final) que esa noche estaba dedicada a una nueva tendencia artística, el dadaísmo. Esto ocurrió a pesar de la oposición del Sr. J. B. Neumann,[6] que se excitó como un pavo porque yo fumara cigarrillos en la sala. Estuvo a punto de llamar a la policía. Hoy, ese pequeño cerebro, con su horizonte que siempre tan lejos alcanza, se las da de conocedor del arte y de mecenas que puede endosarle a la gente la última estafa artística como negocio –mientras que lo único digno de fama de su vida será que ofreció su sala para la primera Noche-dadá de Alemania–. La palabra dadá fue recogida con afán por todos los periódicos. Los Sres. Däubler, Max Hermann-Neisse y Twardowsky, el sutil lírico y recitador, protestaron en la prensa, diciendo que ellos siguen siendo poetas y que no quieren tener nada que ver, pero absolutamente nada, con el dadá. No se puede hacer otra cosa que felicitarles por ello, ya que el dadá no tiene nada que ver con la poesía y uno se puede pillar los dedos fácilmente con eso. Esa protesta fue la primera gran publicidad para nosotros; para la publicidad somos, desde luego, unos maestros, y no en vano hemos abierto una Oficina de Publicidad Dadá, como se puede leer más abajo.

---

3 Fabricantes de licores con locales en Berlín.
4 Theodor Däubler (1867-1934), Max Hermann Neisse (1886-1941), autores expresionistas; Hans Heinrich von Twardowski, (1898-1958), actor expresionista, protagonista de *El gabinete del doctor Caligari* de Robert Wiene (1920).
5 «Ww» puede hacer referencia a la colonia de artistas impresionistas y expresionistas de Worpswede (Baja Sajonia), fundada en 1895 por Heinrich Vogeler.
6 J. B. Neumann (1887-1961), comerciante de arte, crítico y dueño de una galería en Berlín, más tarde también en Bremen y Düsseldorf, emigró en 1924 a EE.UU., con el fin de propagar el arte moderno alemán en ese país, donde murió en 1961.

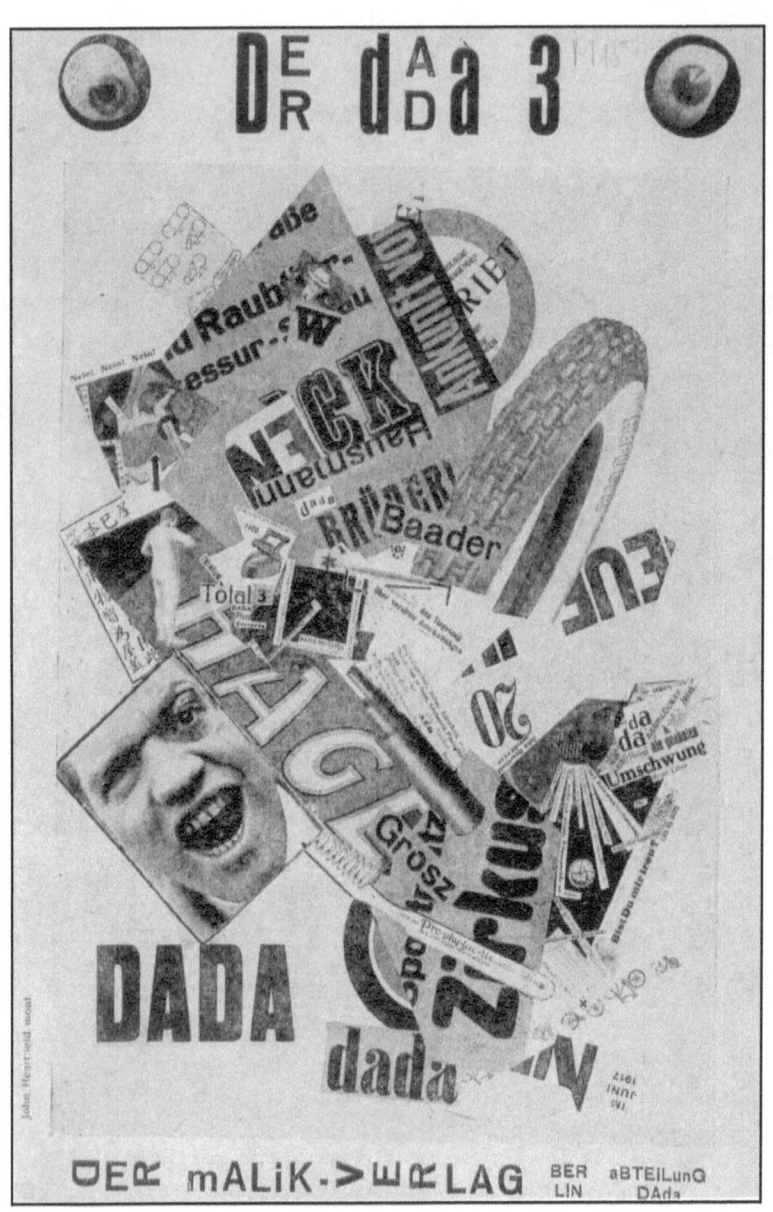

John Heartfield, *Der Dada*, n° 3, 1920

En avant dadá. Una historia del dadaísmo (1920)

Richard Huelsenbeck

Durante una época anhelé hacer literatura con el revólver en la mano. Ser algo así como un caballero salteador de la pluma, un moderno Ulrich von Hutten:[1] esa era la idea que me había hecho de los dadaístas. El dadaísta debía sentir un profundo desprecio por todo aquel que hallara en el «espíritu» abrigo y refugio para sus flaquezas. El filósofo metido en su cubil era una figura superada desde hacía mucho tiempo; pero también lo era el vividor del arte, el literato de café, esa cabeza «aguda» siempre dispuesta a soltar sus ingeniosas salidas ante una distinguida concurrencia; esa persona, en definitiva, que se dejaba impresionar por la brillantez intelectual, y para quien las capacidades espirituales representaban un atractivo criterio de selección que, según su parecer, le hacían especialmente valioso frente a los demás. El dadaísta tenía que ser algo lo más opuesto posible a este último. Estos artistas se asentaban en las ciudades, pintaban sus cuadritos y cuidaban mucho sus versos, pero su naturaleza humana se había deformado sin remedio; sus músculos, debilitados; y su interés por lo cotidiano, anulado. Eran enemigos de los anuncios, de la calle, de las maniobras engañosas y de las grandes transacciones que diariamente influían en la vida de miles de personas. ¡La vida, sí! El dadaísta ama la vida porque puede desperdiciarla todos los días, la muerte es para él un asunto dadaísta. El dadaísta mira el día consciente de que en ese momento le puede caer una maceta en la cabeza. Es infantil,

---

1 Ulrich von Hutten (1488-1523), humanista alemán. Llevó una vida de aventurero y estudioso, participando de las críticas erasmistas contra el clero romano. Tomó parte en la lucha de Lutero contra Carlos V.

ama los rumores del metro, es un habitual de la agencia de viajes Cook y conoce las prácticas de las comadronas asesinas de niños, que, ocultas tras cortinas bien echadas, resecan los fetos con papel secante para poder venderlos después como malta molida.

Dadaísta lo puede ser cualquiera. Dadá no se circunscribe a ningún tipo de arte. Dadaísta es el barman del bar Manhattan, quien con una mano sirve curasao y con la otra se rasca la gonorrea. Dadaísta es el señor de la gabardina que se dispone por séptima vez a dar la vuelta al mundo. Dadaísta podría serlo quien entendiera perfectamente que sólo le está permitido tener ideas a aquel que las sepa convertir en vida... ese tipo activo al cien por cien que sólo vive gracias a su actividad, pues es esta la que encierra su capacidad de conocer. Dadaísta es el hombre que se alquila una planta en el Hotel Bristol sin saber de dónde va a sacar dinero para darle una propina a la chica de la limpieza. Dadaísta es el hombre de la casualidad, con buena vista y el coup du père François. Es uno que sabe dar rienda suelta a su individualidad como a un lazo, que va juzgando en cada ocasión, que se resigna al darse cuenta de que en el mundo hay mahometanos, seguidores de Zwingli,[2] escolares, anabaptistas, pacifistas, etcétera, etcétera. Da la bienvenida a la diversidad de este mundo, pero no se sorprende por ella [...].

La simultaneidad (empleada por primera vez por Marinetti en su sentido literario) es una abstracción, un concepto para expresar la sincronía de diversos acontecimientos. Presupone una acusada sensibilidad respecto al transcurso temporal de las cosas, convierte la serie consecutiva $a = b = c = d$ en una $a - b - c - d$ y busca transformar la cuestión del oído en una cuestión de la vista. La simultaneidad está en contra de lo que se-ha-convertido-en y a favor del convertirse-en. Mientras que yo, por ejemplo, tomo conciencia de modo consecutivo de que ayer abofeteé a una vieja y que hace una hora me he lavado las manos, el chirrido de los frenos del tranvía eléctrico y el golpe que produce una teja que cae del tejado de la casa vecina llegan a

---

2   Ulrich (Huldreich) Zwingli (1481-1531), sacerdote y reformador suizo.

mi oído a la vez; entonces, mis ojos (los exteriores o los interiores) se alzan para captar un sentido veloz de la vida mediante la simultaneidad de estos acontecimientos. De los acontecimientos diarios, de los metropolitanos y del circo dadaísta que simultáneamente me rodean (estrépito, gritos, sirenas de máquinas de vapor, fachadas de casas y el olor a ternera asada) recibo el impulso que me lleva y me hace chocar con la acción directa, con el convertirme-en, con la gran X. De manera inmediata me doy cuenta de que estoy vivo, siento la fuerza conformadora que se esconde tras las prisas de los ejecutivos del Dresdner Bank y tras la rectitud ingenua de las Fuerzas de Orden Público. La simultaneidad te conduce de modo directo a la vida y está íntimamente unida a la cuestión del bruitismo. Así como la Física diferencia los sonidos (los cuales es capaz de expresar mediante fórmulas matemáticas) de los rumores, frente a los cuales se hallan indefensos su simbolismo y su capacidad de abstracción, ya que estos últimos son objetivaciones directas de las fuerzas vitales oscuras, de igual manera en la cuestión que nos ocupa hay una diferencia entre lo consecutivo y la simultaneidad, pues esta última, como símbolo más directo posible de la acción, se burla de toda formulación. En definitiva, un poema simultaneísta no dice nada más que «viva la vida». La simultaneidad enlaza con otras cuestiones, pues me lleva, sin que sea consciente de haber dado un gran salto, al «nuevo material» en la pintura, propagado fervientemente por los dadaístas en torno a Tzara como el no va más de la pintura más moderna [...].

En enero de 1917 regresé a Alemania, cuya fisonomía había cambiado entretanto de un modo extraordinario. La sensación era haber salido de una escena idílica, más bien rancia, para ir a dar a una calle llena de anuncios luminosos, comerciantes chillones y coches pitando. En Zúrich, los tiburones internacionales, con las panzas grasientas y las mejillas sonrosadas, le daban al diente en restaurantes de lujo y coreaban un ufano «¡hurra!» a la salud de los Estados combatientes. Berlín era la ciudad de los cinturones apretados, del hambre creciente; la ciudad en la que la ira oculta se transformaba en codicia sin fin y donde los intereses se ceñían de manera cada vez más unívoca a la cruda existencia. En ella había que proceder de modo distinto para decirle algo a alguien; en ella, uno tenía que dejarse de florituras. Mientras que en Zúrich se vivía como en un balneario en el que uno se apresuraba detrás de las mujeres olisqueando, y esperaba ansioso veladas que traían consigo paseos en barca, luces tenues y música de Verdi, en Berlín no podía saberse si al día siguiente habría algo caliente para comer. La gente tenía el miedo metido en el cuerpo; presentían que la gran aventura, dirigida por Hindenburg y compañía, iba a terminar muy mal. Se formó entonces una concepción exaltada y romántica del arte y todos los valores culturales, a la vez que reaparecía el antiguo fenómeno de la historia alemana consistente en conceptuar a Alemania como el país de los poetas y los pensadores en cuanto empezaba a atisbarse que había fracasado como país de los jueces y de los verdugos. Ya en 1917 comenzaron los alemanes a reflexionar profundamente acerca de su alma: una reacción natural de defensa de una sociedad presionada, azuzada y explotada hasta el extremo. Ese fue el periodo en el que el expresionismo comenzó a ponerse de moda, ya que toda su poetología favorecía el deseo de retiro y de sosiego del espíritu alemán. Por supuesto, lo que sucedía es que a los alemanes ya no les gustaba la realidad, una realidad a la que antes de la guerra habían cantado himnos de alabanza a través de un sinnúmero de profesores universitarios cabezahuecas, y que ya les había costado más de un millón de vidas, mientras el bloqueo seguía estrangulando el cuello de sus hijos y de los hijos de sus hijos. En Alemania reinaba el ambiente que siempre suele preceder a uno de esos llamados impulsos idealistas, a los excesos de nuestro maestro de gimnasia Jahn, a un periodo tipo Schenkendorf; y, en ese momento, llegaron los expresionistas. Llegaron actuando como aquellos médicos inusitadamente famosos, llenos de practicidad, gracias a los cuales «todo va a volver a ir bien»; con el pestañear de una delicada musa, apuntaron hacia «los tesoros de nuestra rica literatura» y cogieron a la gente por el brazo conduciéndola a la penumbra de las catedrales góticas, en las que el ruido de la calle se convierte en un murmullo lejano y en las que, siguiendo el conocido dicho de que en la oscuridad todos los gatos son pardos, todos los hombres tienen que ser buenos tipos. El ser humano es bueno por naturaleza. En consecuencia, el expresionismo, que había traído a los alemanes tantas verdades bienvenidas, se convirtió en toda su extensión en un «hecho nacional». Junto a la palabra «expresionismo» tengo grabados en mi memoria sobre todo tres nombres: Däubler, Edschmid y Hiller.[3] El primero de ellos, Däubler, como gigantosauro de la lírica expresionista; Edschmid, como prosista y prototipo del hombre expresionista; y Hiller, a quien voluntaria o involuntariamente se le reconoce, debido a sus ideas melioristas, como teórico de la época expresionista.

Sabiendo todo esto y teniendo en cuenta que, psicológicamente, un alejamiento de las realidades objetivas trae consigo todos esos complejos de búsqueda de sosiego y cobardía, tan gratos a la corrupta burguesía, los dadaístas, en Alemania, dirigimos inmediatamente todas nuestras fuerzas contra el expresionismo. Para ello nos dejamos llevar por la idea de la «acción», transmitida por los principios del bruitismo, la simultaneidad y el empleo de los nuevos materiales.

---

3 Kasimir Edschmid (1890-1966), periodista y narrador, escribió uno de los primeros ensayos programáticos sobre el expresionismo; Kurt Hiller (1885-1972), escritor alemán precursor del expresionismo, pacifista, socialista y defensor activo de las minorías sexuales.

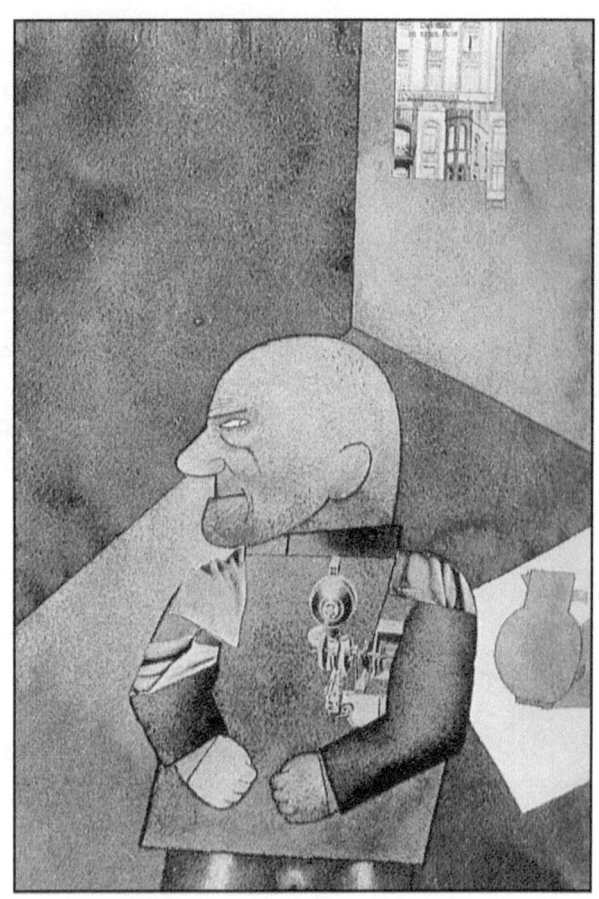

Geoge Grosz, *Heartfield el mecánico*, 1920

El cabaret político (1920)

Walter Mehring

Prólogo dadá, 1919

Hurra –r—r—r—r—a
¡Niiiino , niiiino!
¡La revolución alemana!
Ya se acerca
La chistera, la chistera
¡La socialización
O el coche al paso de la oca!
¡Ya se revuelven
Los primeros víveres de la Entente
En el vientre del capitalista!
Berlín, tu bailarín es la muerte...
Fox-trot o *jazz*...
La república se divierte a cuerpo de rey...
¡No me olvides el uno de mayo
Cuando todos los capullos se pusieron en flor!
En la noche llena de buena esperanza en el mirador:
(año 66)...
La liga para la defensa de la cultura alemana
produce en 100.000 rotativas
El mico bolchevique con granada de mano:
El antepasado de Hackel.[1]

---

1 Ernst Haeckel (1834-1919) filósofo y zoologista, mentor de la teoría evolucionista de Charles Darwin en Alemania.

Un marciano asilvestrado
Manda señales heliográficas
¡Paz y orden en la nebulosa de Orión!
Alemania en la constelación de Casiopea,
En la gran W^2
Haby
Ustedes saben...
Y monóculo en ojo
Ah, dulce Guillermo
De Potsdam tú y de Amerongen[3]
¿Cómo dice el poeta?
Canto a Aegir[4] —
El comunismo de los sexos,
Noske, por ejemplo:
Cuando la hija del Regimiento
Y la señora Ebert,
Nuestra soberana...
Cuando por las noches, profundamente inclinada ante el titileo del candil
(Proyecto Prof. Orlik):[5]
¿Quién cubre el sostenimiento del imperio?
Sin descanso...
¡Tomad *Biomalz*![6]
En el fracaso de la paz...
¡Imprescindible para las Asambleas Nacionales, pogromos,
para el dolor de cabeza, el temor a los bolcheviques, la náusea y la

---

2   La constelación de Casiopea tiene forma de W.
3   Guillermo II, nacido en Potsdam.
4   Composición musical del propio Guillermo II. Comienza con "Oh Aegir, rey de las mareas, ante ti se inclinan los genios acuáticos Nix y Neck."
5   Referido al retratista checo Emil Orlik (1870-1932), profesor desde 1904 del *Kunstgewerbemuseum* de Berlín.
6   *Biomalz*, producto elaborado desde 1907 a base de extracto de malta. Reconstituyente, vigorizante, estimulante del apetito, de bajo precio muy consumido en tiempos de hambruna. Llegó a ser un icono sociocultural de la RDA.

calumnia de la prensa![7]
Veritas vincit
La nueva película de decorado...
¡La Roma antigua en Grünewald
Y la Asamblea Nacional en Weimar!
La toga de los socialistas de la mayoría 3ª parte
autorizada por el Consejo de los trabajadores del intelecto
Prostitución: Los intelectuales
O los peligros de la calle
Con Hiller, el querido *Bonvivant*
¡En el papel de tratante de blancas
(Kurti, ¿¿¿¿qué te parece????)!
Ya brama desde todas partes
Con verdadero lirismo
Se repite sin cesar en el *Berliner Blätterwald*:
¡BZ - BT
Veritas vincit!
El gran éxito universal: lo más novedoso
¡Hindenburg socializa el frente oriental!
Los *Freikorps* exigen derecho de a la autodeterminación
En la Sociedad de las Naciones respecto al *Yankeedoodle*
Cruz amarilla de la filantropía...
Ludwig Wüllner, el Cristo del zoo
Y *mater dolorosa*
Germania:
Para ti tejemos la corona virginal
Con raso negro, blanco y cobrizo
Para la boda de sangre del capital
En traje de duelo rojizo.

---

7 Mehring hace un juego de palabras con *Presseschwindel*, que hace al mismo tiempo referencia a la mentira y al vértigo.

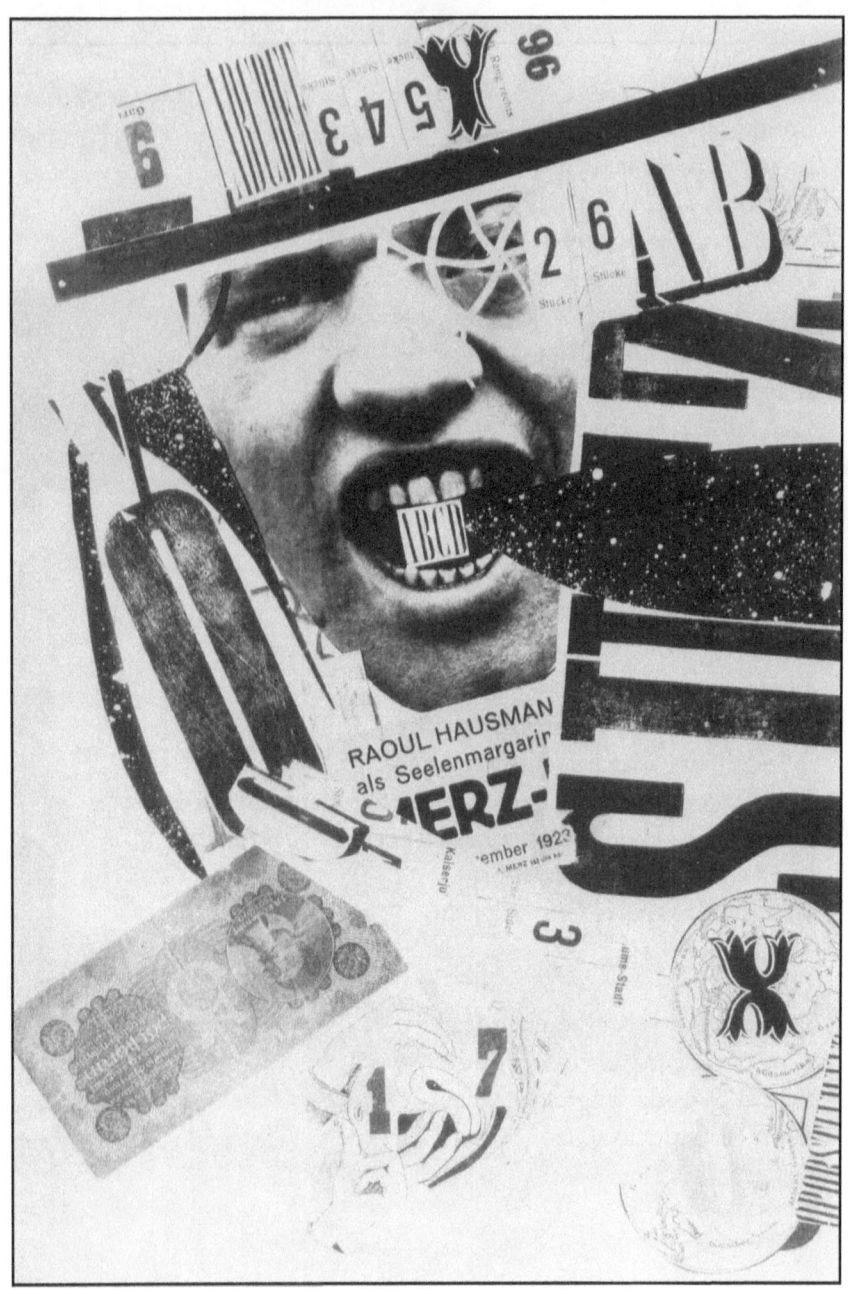

Raoul Hausmann, *ABCD*, 1923-1924

Dadá (1920)

Kurt Tucholsky

En estos días podemos visitar, en el número 13 de la calle Lützowufer, una exposición del dadá... ya que no hay nada mejor que hacer. Si le restamos a este grupo lo mucho que tiene de embaucamiento, no puede afirmarse que sobre demasiado. Sé muy bien qué es lo que esta gente pretende exactamente: este mundo es disparatado, absurdo, pretencioso e intelectualmente vanidoso; y se quieren burlar de todo eso, quieren desenmascararlo, negarlo, destruirlo. Desde luego, podrían decirse muchas cosas al respecto (por ejemplo, que el bolchevismo artístico, en cuanto expresión de duda de la autoridad del valor del arte, es una cuestión que no puede ser minimizada sin más. La incredulidad es contagiosa), pero sus modos de expresión no me gustan.

Quien odia tan profundamente, debe de haber amado mucho alguna vez; y quien niega el mundo de tal manera, debe de haberlo, también alguna vez, afirmado rotundamente. Debe de haber abrazado lo que ahora incendia. Pero, ¿cuál es la impresión que recibimos?

Pues que literatos menores se afanan, de modo un tanto grotesco, en asustar al burgués y escupir sobre lo que para otros es sagrado. Ese es el término: grotesco. De nueve a siete, sin interrupción, te ves expuesto a una mofa y a una sátira demoledoras. Dadaísmo por tres marcos y treinta céntimos: «Este es el único auténtico. Se previene contra plagios.»

La exposición está montada chuscamente como si fuera una tiendecilla. (De todos modos, creo que cientos de generaciones de artistas han intentado lo mismo, en las fiestas que organizaban en sus estudios, con mayor ingenio, fuerza y humor.) Un marinero gordo y cebado, que cuelga del techo, domina pudorosamente con su mirada el desbarajuste de cajas de sombrero viejas, cajas de cartón, clavos oxidados, dentaduras colocadas de mala manera y pinturas. En la exposición reina la quietud y, la verdad, a estas alturas ya no provoca a nadie. Dadá... pues bueno.

Sin embargo, hay un autor que lo pone todo patas arriba, y por él merece la pena hacer la visita. Es Grosz, un tipo hecho y derecho, de una mordacidad infinita. Si las ilustraciones pudieran matar, probablemente el Ejército Prusiano estaría muerto. (Y a propósito, las ilustraciones pueden matar). Su serie de litografías *Dios con nosotros* no debería faltar en ninguna casa burguesa: sus caricaturas de sargentos y mayores son infernales fantasmagorías de la realidad. Él solo es tormenta y empuje, escándalo, burla y, ¡qué inusual!, revolución.

Los demás arañan, él mata. Los otros se entretienen con bromitas, él es serio. ¿Es acaso muy atrevido, qué sé yo, por ejemplo escribir «pegote» encima de un cuadro de Giorgione y tacharlo con un par de trazos blancos gruesos? Fuegos artificiales.

Sin embargo, el combate pugilístico entre Grosz y el siglo del soldado no deberían perdérselo bajo ningún concepto.

El breviario del hereje (1921)

Walter Mehring

Conference mystique
EN EL GABINETE ESOTÉRICO

¡Damas y caballeros!
¡El cabaret está *en vogue*!
¡La gente nos reclama! ¡quieren cultivarse con todas sus ganas!
¡Y teniendo en cuenta la incompetencia absoluta de este pueblo, no hemos descartado ofrecer algo hasta excepcional!
Ninguna lengua es tan lastimosa como la nuestra para este menester especial, ninguna lengua es dialécticamente tan torpe como la nuestra, aunque tampoco ninguna forma estrófica (estanza, soneto, cancionero) es tan rematadamente absurda como la *chanson*, el *song*, el *couplet*, y precisamente por esto ninguna tiene las posibilidades llenas de misterio que tiene la nuestra.
¡Es bien sabido que la versificación pertenece al género de las anomalías! Una hiperestesia patológica, una manifestación de decadencia de sistemas nerviosos perturbados. Cuando los más jóvenes quedaban extenuados con el canto de aleluyas, es que se habían abandonado al don de lenguas (glosolalia): uno de los números estrella del cabaret bizantino.
El caso más grave, el estribillo, muestra ya de principio formas paranoicas. Figúrense en una sociedad respetable a un caballero aún más respetable repitiendo después de cada quinta frase:

¡Viaje en cercanías a Rügenwald,
Viaje y disfrute, placer celestial!

Al punto está la ambulancia delante de su puerta, ¡y la demencia, con piel de cordero, otra vez lavándose las manos! ¡Porque el respeto a lo metafísico se va a tomar viento una vez se abren al público los urinarios del alma y caen las vendas de la mágica concepción! ¡Damas y caballeros! ¡Su relación con las bellas artes (con el arte del cabaret, sobre todo) es una relación sucia! ¡Purifíquenla!

La literatura es un hecho que le crea al burgués la ilusión de profundidad de su propio pensamiento. Este quiere ser adulado cuando ve actuar en el proscenio a damas y caballeros de atuendo refinado con aire de ménade. Quiere estallar en satánica risotada porque alguien de «arriba» se vuelve epiléptico cuando escucha el «czardas».[1] El chascarrillo obsceno, de otro modo sólo susurrado en el café, le retumba en los oídos con timbales y trompetas o con el tono de un armonio.

¡Esta es la maldición de la incultura! Pues el burgués es en realidad el mayor de los enemigos de la tradición. No sabe o no quiere saber que la sonrisa del bufón procede de la gesticulación del *ecce homo* en los Misterios de Pasión. ¡Las *chansons* con estribillo son un invento del primer cristianismo imitando a los textos apócrifos, o salmos cantados a modo de responso! ¡Lo único que ha quedado de ellas ha sido la letanía y la canción de muñecas!

La pareja diabólica del cabaret, el teatro de variedades, se ha desarrollado de un modo similar. En la Edad Media lo atroz era cultivado a nivel industrial. A los niños se les hacía incisiones en la boca y se les seccionaban las narices para asegurarles una carrera artística. De esta guisa imitaban en los Misterios de Pasión al diablo bobo o con otro alias, al demiurgo burlado, el espíritu de la materia, nuevamente él –de acuerdo con la doctrina de los gnósticos– idéntico al Dios del Judaísmo antiguo. ¡Y viceversa! Los payasos y los excéntricos de la modernidad siguen sus mismas pautas, sólo que suscitan un efecto

---

1 *Csárdás* o *czardas* (en húngaro *csárdás*, de la *csárda*, una taberna o posada) baile popular de origen rumano y magiar. Se caracteriza por una variación drástica en su *tempo*. Comienza muy lentamente (*lassú*) y termina en un *tempo* muy acelerado (*friss*).

equivalente con ayuda del maquillaje. Su nervio parodia a las médulas espinales y a los histéricos crónicos. Del Dios al payaso, o lo que es lo mismo, lo que para unos es lechuza para otros es ruiseñor. ¡Quod erat demonstrandum!²

De modo análogo, quien asiste a exposiciones artísticas, teatros y cabarets espera encontrarse con la producción de cerebros o cuerpos astrales anormalmente representados. ¡Para el asistente, estos ocupan el lugar de los posesos y los extáticos! Pues sólo una época degradada en lo ético deja que le den desfiles militares imperiales por procesiones, y cabarets por misas negras. Se sigue difamando, enredando y azotando alegremente, eso es cierto, pero, en lo terapéutico, la demonología ya se la llevó el diablo y los inquisidores se sientan en las redacciones. Con la conciencia, pues, de que se trata de un cliché, ¡tenemos que contar con la realidad! No podemos hablar de bacanales porque eso se llama *table d'hôte*,³ ni de orgías si asistimos a una hermosa velada. ¡Sólo hacemos como si...!

Sin embargo, ¡no actuamos con la suficiente intensidad como si...! Una realidad ya patentada se forra de ilusionismo. El aprovechamiento de nuestro tiempo no es que sea llevado a término con excesiva energía, ¡antes al contrario de un modo demasiado pusilánime! Y las funciones no es que sean de un nivel demasiado profundo, ¡es que no tienen nivel! El *kitsch*, la *cochonnerie*, el patriotismo no suponen impedimento alguno, ¡con sólo no injertarlos ni podarlos dentro del invernadero intelectual! ¡Pues lo único que resulta escandaloso es un sexo mutilado!

Este cabaret, como ustedes saben, es de naturaleza esotérica. ¡Sólo para iniciados! La iniciación se tiene desde el principio o se adquiere con *money*. No hay que partir de las formas clásicas, porque ya hay miles de rollos por el estilo ¡y hasta la fecha dos se han recitados con estilo monocorde (a la manera erótica: «Violeta con salsa de ajo»; a la

---

2 Fórmula aplicada usualmente en las matemáticas que significa: «Precisa una comprobación».
3 Mesa de invitados.

patriótica: «Promesa sazonada con álcali»! O, siguiendo el taylorismo[4] en el arte: ¡mínima inversión en sentimiento por máximo rendimiento glandular del público!).

Como principio de fe se ha proclamado el menospreciado y tan frecuentemente olvidado simbolismo de nuestra cultura; como clave de este sistema rige el conocimiento de su tradición y la comprensión de su psicosis.

Con las palabras, no obstante, que ustedes encuentran a la entrada:

«Por hombres de lenguas extrañas y por boca de extraños hablaré yo a este pueblo, y ni así me escucharán» (I. Cor. 14) inauguro el programa esotérico [...].

---

[4] Sistema de organización del trabajo basado en las ideas del economista norteamericano Frederick W. Taylor (1856-1915). Consiste en la descomposición de los procesos en diversas tareas que se cronometran y pagan según el rendimiento.

El proceso contra el dadá (1921)

Kurt Tucholsky

Hace algún tiempo, en Inglaterra, el presidente de un jurado le preguntó a Whistler:[1] ¿Podría aclararle a estos señores qué es el arte? El escritor se ajustó el monóculo, observó a los componentes del jurado y respondió: «No.»

Hace unos días se celebró, en la Sala de lo Penal de la Audiencia Provincial n° 2 de Berlín, el juicio contra George Grosz y sus camaradas por injurias contra el Ejército.

En la exposición del dadá podían contemplarse un par de fantoches que representaban a los dioses prusianos, esto es, sus oficiales; además (lo más importante), Grosz había creado una serie genial de litografías, titulada *Dios con nosotros*, en la que podían verse unas caras deformes de una brutalidad tal que el Ejército y sus miembros se sintieron atacados. Para demostrar que no existen rostros semejantes, fue citado un tal señor Matthäi, un antiguo responsable de un departamento del Ministerio de Defensa. No debería haberse hecho algo así.

Este capitán, joven y apuesto, expuso que había ido (no oficial, sino privadamente) a la exposición del dadá espoleado por un anuncio de mi amigo Peter Panzer, el cual, según este simpático y sano oficial, llevaba años acosando sistemáticamente al cuerpo de oficiales del Ejército Alemán. Por eso es por lo que había acudido. (Una observación de Peter Panzer: «¡No era esa mi intención!») Lo que allí vio le enojó en lo más profundo: una burla contra los bienes más preciados de la nación, cosas, dijo, «dirigidas a aniquilar nuestra ideología de defensa.» En la entrada, debido a su insistencia, un hombre le mostró la

---

1 James Abbott McNeill Whistler (1834-1903), pintor estadounidense afincado en Francia e Inglaterra.

serie *Dios con nosotros*. «¿Puede reconocer a ese hombre entre los acusados?», le preguntaron. «No», respondió este rubio, alto y elegante mando del Ejército, «era un hombre de tipo galaico.»

El papel desempeñado por este Matthäi es un tanto oscuro: realmente no sabemos qué ocurrió en el Ministerio de Defensa tras su visita no oficial a la exposición y la interposición de la denuncia por parte del señor Geßler. Sólo sabemos que el mismo Matthäi, el cual, como mínimo, desató esta persecución judicial, salió al paso para atestiguar, tanto por escrito en los periódicos como verbalmente durante una rueda de prensa, que el Ministerio de Defensa no había tenido nada que ver con que la serie de dibujos hubiera sido incautada. Al ser interrogado durante el juicio por el abogado de los acusados, el capitán estuvo balbuceando no se sabe qué sobre los entresijos del Ministerio. Creo que por una actuación así en el campo de batalla él mismo hubiera encerrado a cualquier hombre de su compañía. Título: el Servicio de Información Militar.

Los acusados me desilusionaron. Cinco seres sentados en el banquillo y, entre ellos, un hombre: Wieland Herzfelde, el único que dijo lo debido en cada momento y no se amilanó. Por lo demás, aquello se parecía al golpe de Kapp: no había cabecillas. Ninguno de aquellos jóvenes había sido el que había roto la ventana de una pedrada. En lo que a Grosz respecta, no sé si su apática defensa se debió a que no sabe expresarse: no consiguió pronunciar ni una palabra que estuviese a la altura de uno solo de los trazos de sus dibujos.

A grandes rasgos, la línea de la defensa consistió en presentar como una broma la obra de Grosz, en realidad unos trabajos extremadamente amargos y serios. Fritz Grünspach, que hubiera sido capaz de representar a un tiempo tanto al dibujante como a los dibujados, tuvo la suficiente habilidad como para no resaltar los ataques perpetrados contra el espíritu imperial, sino únicamente los dirigidos contra sus retoños.

Sus conclusiones les salvaron el pellejo a Grosz y a sus amigos pero, del mismo modo, los aniquilaron. ¿Esa es vuestra defensa? ¿qué no teníais la intención?

El proceso contra el dadá (1921)

El tribunal condenó al dibujante Grosz y al editor Herzfelde a pagar trescientos y seiscientos marcos respectivamente: entre ambos, lo que cuesta en Alemania más o menos pagar a un asesino (de pacifistas). La diferencia se justificaba porque el editor habría obtenido un beneficio económico con la comercialización de la serie. Se llegó a la conclusión de que los fantoches expuestos habían sido el resultado de una juerga cervecera. También es posible que la levedad de la condena se hubiera visto favorecida por el peritaje del comisionado imperial para el arte Redslob, quien tomó partido por Grosz enérgica y decididamente, evitando con muy buen tino comentar la vertiente política de la obra. Su intervención impuso bastante, pues este comisionado se encuentra a las órdenes del Ministerio del Interior y un juez prusiano muestra siempre respeto ante cualquier autoridad. Desde luego, más que ante el arte. (Uno de los funcionarios de Justicia le dijo a Grosz: «Hay cosas que tiene usted que respetar si quiere ser dibujante y artista...»).

¿Qué función se ha representado en este juicio?

Lo que está claro es que esta causa no ha tenido nada que ver con la justicia. No he llegado a entender por qué no se le ha obligado al acusado a entrar en la sala y decir: «Mi nombre es Grosz, criminal peligroso», para que el juez dijera a continuación: «Encantado. Le impongo una multa de trescientos marcos.» Algo así habría ahorrado mucho tiempo y dinero. De la educación política y los conocimientos generales de nuestros jueces no puede exigirse que se enfrenten a estas cuestiones como nosotros querríamos. Hemos dejado de tener confianza en la justicia penal de nuestro país en lo referente a asuntos políticos. En todos estos casos, los jueces (según sus conocimientos y su conciencia) no castigan delito alguno, sino ideas.

Fuentes

1. Raoul Hausmann «Dada empört sich, regt sich und stirbt in Berlín». En Schöngeist – Belsprit (Bremen), 13 (1970). Citado por Raoul Hausmann, *Am Anfang war Dada*. Ed. de Karl Riha y Günter Kämpf, Anabas, Gießen, 1972, pp. 15-21. Traducción y notas de Juan Pablo Larreta Zulategui.

2. Richard Huelsenbeck: «Der neue Mensch». En: *Neue Jugend*, 1 (1917), pp. 2 y ss. Traducción y notas de Juan Pablo Larreta Zulategui.

3. Richard Huelsenbeck: «Erste Dadarede in Deutschland». En: *Dada Almanach. Im Auftrag des Zentralamts der deutschen Dada-Bewegung.* Ed. de Richard Huelsenbeck, Erich Reiss, Berlín, 1920, pp. 104-108. Traducción y notas de Juan Pablo Larreta Zulategui.

4. «Dadaistiches Manifest». En *Dada Almanach, op. cit.*, pp. 36-38. Traducción de Manuel Maldonado Alemán.

5. Raoul Hausmann: «Synthetisches Cino der Malerei». En: *Maschinenschrift*, (1918). Citado por Raoul Hausmann, *Am Anfang war Dada, op. cit.*, pp. 27-29. Traducción y notas de Víctor Manuel Borrero Zapata.

6. Raoul Hausmann: «Keller-Feier mit Baader». En Raoul Hausmann, *Am Anfang war Dada, op. cit.*, p. 57. Traducción y notas de Miguel Ángel Albi Aparicio. Se ha añadido el título al original.

7. Johannes Baader: «An das B. T». En *Die freie Straße*, 10 (1918), p. 1. Traducción de Miguel Ángel Albi Aparicio.

8. Johannes Baader, «Wer ist Dadaist?» En *Die freie Straße*, 10 (1918), p. 1. Traducción y notas de Víctor Manuel Borrero Zapata.

9. Johannes Baader, «Die acht Weltsätze». En Johannes Baader, *Die acht Weltsätze des Meisters Johannes Baader über die Ordnung der Menschheit im Himmel nebst Erklärungen desselben. Mit einigen Worten über sein Leben versehen, herausgegeben und verlegt bei den Saturnen in Mühlheim an der Donau. A. D. MCMXIX*. Traducción de Víctor Manuel Borrero Zapata.

10. Raoul Hausmann, «Pamphlet gegen die Weimarische Lebensauffassung». En *Der Einzige*, 14 (1919), pp. 163-164. Traducción y notas de Víctor Manuel Borrero Zapata.

11. Raoul Hausmann, «Alitterel Delitterel Sublitterel». En *Der Dada*, 1 (1919), p. 3. Traducción y notas de Víctor Manuel Borrero Zapata.

12. Johannes Baader, «Erklärung Dada». En *Der Dada*, 1 (1919), p. 5. Traducción de Miguel Ángel Albi Aparicio.

13. Johannes Baader, «Venit creator Spiritus... dada» En *Der Dada*, 1 (1919), p. 5. Traducción y notas de Miguel Ángel Albi Aparicio.

14. Anónimo, «Legen Sie ihr Geld in dada an!» En *Der Dada*, 1 (1919), pp. 7-8. Traducción y notas de Miguel Ángel Albi Aparicio.

15. Jefim Golyscheff, Raoul Hausmann, Richard Huelsenbeck, «Was ist der Dadaismus und was will er in Deutschland?» En el suplemento de *Der Dada*, 1 (1919). Citado por Richard Huelsenbeck, *En avant Dada. Eine Geschichte des Dadaismus*, Paul Steegemann, Hannover-Leipzig-Viena-Zúrich, 1920, pp. 29-31. Traducción de Manuel Maldonado Alemán.

16. Raoul Hausmann, «Der deutsche Spießer ärgert sich». En *Der Dada*, 2 (1919), p. 2. Traducción y notas de Miguel Ángel Albi Aparicio.

17. Johannes Baader, «Tretet dada bei». En *Der Dada*, 2 (1919), p. 4. Traducción de Víctor Manuel Borrero Zapata.

18. Johannes Baader, «Reklame für mich». En *Der Dada*, 2 (1919), pp. 6-8. Traducción y notas de Miguel Ángel Albi Aparicio.

19. Raoul Hausmann, «Ein Schießgewehr voll Nächstenliebe». En *Der Gegner*, 1/10-12 (1919/1920), pp. 48 y ss. Traducción y notas de Víctor Manuel Borrero Zapata.

20. Richard Huelsenbeck, «Dada-Tourneen». En Richard Huelsenbeck, *En avant Dada*, *op. cit.*, pp. 37-39. Traducción y notas de Juan Pablo Larreta Zulategui.

21. George Grosz, John Heartfield, «Der Kunstlump». En *Der Gegner*, 1/10-12 (1919/1920), pp. 57 y ss. Traducción y notas de Miguel Ángel Albi Aparicio y José Juan Batista Rodríguez.

22. Alexis [Richard Huelsenbeck], «Ein Besuch in Cabaret Dada». En *Der Dada*, 3 (1920), pp. 6-8. Traducción y notas de Juan Pablo Larreta Zulategui.

23. Raoul Hausmann, «Rückkehr zur Gegenständlichkeit in der Kunst». En *Dada Almanach*, *op. cit.*, pp. 147-151. Traducción y notas de Juan Pablo Larreta Zulategui.

24. Raoul Hausmann, «Was die Kunstkritik nach Ansicht des Dadasophen zur Dadaausstellung sagen wird». En *Erste internationale Dada-Messe. Veranstaltet von Marschall G. Grosz, Dadasoph Raoul Hausmann, Monteurdada John Heartfield. Katalog der Kunsthandlung Dr. Otto Burchard[t]. Typogr. und Illustr. von John Heartfield*, Malik, Berlín, 1920, p. 2. Traducción y notas de Víctor Manuel Borrero Zapata.

25. Wieland Herzfelde, «Zur Einführung» (fragmento). En *Erste internationale Dada-Messe*, *op. cit.*, p. 2. Traducción de Víctor Manuel Borrero Zapata.

26. Richard Huelsenbeck, «Einleitung» (fragmento). En *Dada Almanach*, *op. cit.*, pp. 3-8. Traducción y notas de Miguel Ángel Albi Aparicio.

27. Richard Huelsenbeck, *Dada siegt. Eine Bilanz des Dadaismus*, Malik, Berlín, 1920, pp. 27-30. Traducción y notas de Miguel Ángel Albi Aparicio.

28. Richard Huelsenbeck, *En avant Dada. Eine Geschichte des Dadaismus* (fragmento), Paul Steegemann, Hannover-Leipzig-Viena-Zúrich, 1920, pp. 10-28. Traducción y notas de Juan Pablo Larreta Zulategui.

29. Walter Mehring, *Das polititische Cabaret. Chansons, Songs, Couplets*, (fragmento), Rudolf Kaemmerer, Dresde, 1920, pp. 9- 11. Traducción y notas de Víctor Manuel Borrero Zapata.

30. Kurt Tucholsky, «Dada». En *Berliner Tageblatt*, 20-7-1920. Traducción de Juan Pablo Larreta Zulategui.

31. Walter Mehring, *Das Ketzerbrevier. Ein Kabaretprogramm*, Kurt Wolff, Munich, 1921, pp. 7-11. Traducción y notas de Víctor Manuel Borrero Zapata.

32. Kurt Tucholsky, «Dada-Prozeß» (fragmento). En *Die Weltbühne*, 17 (1921), p. 454. Traducción y notas de Juan Pablo Larreta Zulategui.

www.ingramcontent.com/pod-product-compliance
Lightning Source LLC
Chambersburg PA
CBHW031415210526
45464CB00005B/1887